KB035321

히어로 왕초보
러시아어 회화

히어로 왕초보
러시아어 회화

초판 2쇄 발행 2023년 7월 20일
초판 1쇄 발행 2018년 11월 30일

저자	강라나
기획	김은경
편집	이지영
발행인	조경아
발행처	**랭**귀지**북**스
주소	서울시 마포구 포은로2나길 31 벨라비스타 208호
전화	02.406.0047 **팩스** 02.406.0042
등록번호	101-90-85278 **등록일자** 2008년 7월 10일
이메일	languagebooks@hanmail.net
MP3 다운로드	blog.naver.com/languagebook
ISBN	979-11-5635-088-0 (10790)
값	11,000원

ⓒLanguageBooks, 2018

히어로 왕초보
러시아어 회화

랭귀지북스

Preface 머리말

러시아는 전통 깊은 문화와 매력적인 관광지, 풍부한 천연자원을 가진 나라입니다. 게다가 한국과 러시아의 교류가 활발해지면서 유학, 사업, 무역 등을 목적으로 러시아어의 필요성이 높아지고 있습니다.

러시아어는 생소한 발음에 어미 변화, 문법 등이 복잡해 어렵게 다가옵니다. 그런 분들을 위해 내 손안에 쏙 들어오는 〈히어로 왕초보 러시아어 회화〉는 일상에서 유용한 러시아어 회화만을 담았습니다. 러시아어권 여행 및 출장, 어학연수, 유학, 이민으로 러시아어 고민에 빠져 있다면 〈히어로 왕초보 러시아어 회화〉로 자신 있게 준비하세요.

나의 러시아어 실력을 빛나게 할 작지만 강한 책으로 이제 당신도 러시아어 히어로가 될 수 있습니다.

저자 강라나

About this book 이 책의 특징

● 막힘없이 쉽게!

왕초보부터 초·중급 수준의 러시아어 학습자를 위한 회화 포켓북입니다. 러시아어 사람들과 바로 통하는 표현을 엄선해, 인사부터 일상생활, 쇼핑, 여행, 사건 & 사고까지 세세하게 구성했습니다. 이제 어떤 러시아어 응급 상황이 닥치더라도 당황하지 말고 상황별 표현을 찾아 막힘없이 말해 보세요.

● 리얼 발음으로 쉽게!!

왕초보도 러시아어를 쉽게 읽을 수 있도록 원어민 발음에 최대한 가까운 한글 발음을 각 표현 하단에 표기했습니다. 문장의 강세까지 세심히 체크하여 반영한 한글 표기로 이제 자신 있게 리얼 발음을 구사해 보세요.

● 어디서나 쉽게!!!

한손에 쏙 들어오는 크기로, 24시간 주머니 속에 넣고 다니며 필요할 때마다 꺼내 표현을 익힐 수 있습니다. 이제까지 보디랭귀지와 단순 단어만으로 러시아어 위기 상황을 모면했다면 지금부터는 포켓 사이즈 〈히어로 왕초보 러시아어 회화〉로 언제 어디서든 마음껏 이야기해 보세요.

● 러시아어 알파벳과 발음

러시아어 알파벳은 자음 21개, 모음 10개, 음가가 없는 부호 2개로 총 33자입니다.

* 러시아어의 정식 표기에는 강세 표시가 없습니다. 그러나 강세에 따라 모음 발음이 달라지기 때문에 이 책에는 초급 학습자를 위해 강세 표시를 하였습니다. (단, 제목에는 정식 표기법으로 강세 표기를 생략합니다.) 러시아에서도 어린이 책이나 외국인을 위한 초·중급 교재까지는 강세 표시가 있습니다.

1. 러시아어 알파벳

А / а	Б / б	В / в
아	베	붸
а́дрес	ба́бушка	вода́
아드리ㅅ	바부쉬까	바다
주소	할머니	물

Г / г	Д / д	Е / е
게	데	예
гора́	дом	есть
가라	돔	예스찌
산	집	먹다

6

Ё / ё
요

ёж
요쉬
고슴도치

Ж / ж
줴

журна́л
주르날
잡지

З / з
제

зонт
존트
우산

И / и
이

игру́шка
이그루쉬까
장난감

Й / й
이 끄라트까예

йо́гурт
요구르트
요구르트

К / к
까

кот
꼬트
고양이

Л / л
엘

ла́мпа
람빠
전등, 램프

М / м
엠

ма́ма
마마
엄마

Н / н
엔

нос
노스
코

О / о	П / п	Р / р
오	뻬	에ㄹ
о́блако	**парк**	**ры́ба**
오블라까	빠르ㅋ	르바
구름	공원	물고기, 생선

С / с	Т / т	У / у
에ㅆ	떼	우
слон	**торт**	**у́тка**
슬론	또르트	우트까
코끼리	케이크	오리

Ф / ф	Х / х	Ц / ц
에ㅍ	하	쩨
фо́то	**хлеб**	**цена́**
포따	흘례ㅍ	쯔나
사진	빵	가격, 값

Ч / ч
체

чай
차이
차

Ш / ш
샤

ша́пка
샤프까
모자

Щ / щ
샤

щётка
쑈트까
솔

Ъ
뜨뵤르드이 즈나ㅋ

объявле́ние
아브이블례니예
광고, 공고

Ы
의

сыр
스르
치즈

Ь
먀흐끼 즈나ㅋ

мат**ь**
마찌
어머니

Э / э
에

экра́н
에크란
화면

Ю / ю
유

ю́бка
유프까
치마

Я / я
야

я́блоко
야블라까
사과

(1) 모음

러시아어 모음은 총 10개이며 경자음 표시모음과 연자음 표시모음이 있습니다. 경자음 표시모음은 이 모음 앞에 오는 자음을 경자음으로, 연자음 표시모음은 앞에 오는 자음을 연자음으로 발음한다는 의미를 표시합니다. '경자음'은 혀 가운데 부분을 입천장(경구개) 쪽으로 올리지 않고 소리내는 자음인 반면, '연자음'은 기본적인 조음과 함께 혀 가운데 부분을 입천장 쪽으로 높이 올려 소리내는 자음입니다.

⟨모음 조음위치 표⟩

경자음 표시모음	A / a	O / o	У / у	Э / э	*ы
	아	오	우	에	의
연자음 표시모음	Я / я	Ё / ё	Ю / ю	Е / е	И / и
	야	요	유	예	이

* 모음 ы는 우리말 [의]와 유사하지만, 실제는 단모음으로 발음해 이 책에는 [의]로 표기합니다.

(2) 자음

러시아어 자음은 21개입니다. 성대의 진동 없이 내는 무성 자음과 성대를 울려 소리내는 유성 자음이 있습니다.

〈자음 조음위치 표〉

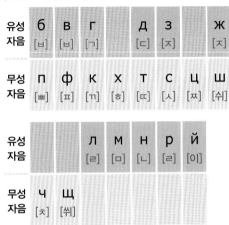

유성 자음	б [ㅂ]	в [ㅂ]	г [ㄱ]		д [ㄷ]	з [ㅈ]		ж [ㅈ]
무성 자음	п [ㅃ]	ф [ㅍ]	к [ㄲ]	х [ㅎ]	т [ㄸ]	с [ㅅ]	ц [ㅉ]	ш [쉬]

유성 자음			л [ㄹ]	м [ㅁ]	н [ㄴ]	р [ㄹ]	й [이]
무성 자음	ч [ㅊ]	щ [쒸]					

① **입술소리**: 두 입술을 붙였다 떼고 내는 소리

• П / п 뻬

무성음이며 [ㅃ]과 비슷한 발음입니다. 단어 맨 끝이나 뒤에
다른 자음이 있을 때는 [ㅍ]에 가까운 소리입니다.

- [ㅃ] **парк** 빠르ㅋ 공원
- [ㅍ] **суп** 수ㅍ 수프, 국 / **аптéка** 아프쩨까 약국

• Б / б 베

유성음이며 [ㅂ]과 비슷한 발음입니다.

- [ㅂ] **брат** 브라ㅌ 형제 / **бáбушка** 바부쉬까 할머니

• М / м 엠

유성음이며 [ㅁ]과 비슷한 발음입니다.

- [ㅁ] **мóре** 모례 바다 / **мáма** 마마 엄마

② **이입술소리**: 아랫입술을 윗니 끝에 대고 바람을 통과시키면서 내는 소리

- **Ф / ф** 에프

  무성음이며 [ㅍ]과 비슷한 발음입니다.

  · [ㅍ]   **фо́то** 포따 사진 / **фо́рма** 포르마 유니폼

- **В / в** 붸

  유성음이며 [ㅂ]과 비슷한 발음입니다.

  · [ㅂ]   **вода́** 바다 물 / **ва́за** 바자 꽃병

③ **잇소리: 혀끝과 윗니 뒤쪽에서 내는 소리**

• **Т / т** 떼

무성음이며 [ㄸ]과 비슷한 발음입니다. 단어 맨 끝이나 뒤에
다른 자음이 있을 때는 [ㅌ]에 가까운 발음입니다. 혀끝을 윗
니 뒤쪽에 붙였다가 떨어뜨리면서 소리를 냅니다.

- [ㄸ]   там 땀 저기에
- [ㅌ]   рот 로트 입 / страна́ 스트라나 나라, 국가

• **Д / д** 데

유성음이며 [ㄷ]과 비슷한 발음입니다. 혀끝을 윗니 뒤쪽에
붙였다가 떨어뜨리면서 소리를 냅니다.

- [ㄷ]   дом 돔 집 / да́та 다따 날짜, 연월일

• **С / с** 에쓰

무성음이며 [ㅅ]과 비슷한 발음입니다. 혀끝을 윗니 뒤쪽에
붙여 그 사이에 생긴 좁은 틈을 통해 바람을 통과시키면서
내는 소리입니다.

- [ㅅ]   слон 슬론 코끼리 / са́хар 사하르 설탕

З / з 제

유성음이며 [ㅈ]과 비슷한 발음입니다. 혀끝을 윗니 뒤쪽에
붙여 그 사이에 생긴 좁은 틈을 통해 바람을 통과시키면서
내는 소리입니다.

- [ㅈ]   **зонт** 존ㅌ 우산 / **зуб** 주ㅍ 이

Н / н 엔

유성음이며 [ㄴ]과 비슷한 발음입니다. 혀끝을 윗니 뒤쪽에
붙여 소리를 냅니다.

- [ㄴ]   **нос** 노ㅅ 코 / **нога** 나가 다리; 발

Л / л 엘

유성음이며 [ㄹ]과 비슷한 발음입니다. 혀끝을 윗니 뒤쪽에
붙여 소리를 냅니다.

- [ㄹ]   **ло́жка** 로쉬까 숟가락 / **лимо́н** 리몬 레몬

④ **잇몸소리**: 혀끝을 윗잇몸에 대고 내는 소리

• **Р / р** 에르

유성음이며 [ㄹ]과 비슷한 발음입니다. 혀끝을 윗잇몸에 대
고 여러 번 진동시켜 굴리는 소리를 냅니다.

• [ㄹ]　　**рыба** 르바 물고기, 생선 / **роза** 로자 장미

• **Ш / ш** 샤

무성음이며 [쉬]와 비슷한 발음입니다. 혀를 숟가락 모양으
로 하고 혀끝을 윗잇몸에 가까이 대고 그 사이에 생긴 좁은
틈을 통해 공기를 내보내며 소리를 냅니다.

• [쉬]　　**шапка** 샤프까 모자 / **школа** 쉬꼴라 학교

• **Ж / ж** 줴

유성음이며 [ㅈ]과 비슷한 발음입니다. 혀를 숟가락 모양으
로 하고 혀끝을 윗잇몸에 가까이 대어 그 사이에 생긴 좁은
틈을 통해 공기를 내보내며 소리를 냅니다.

• [ㅈ]　　**жена** 즈나 아내 / **жить** 즈찌 살다

- **Ц / ц** 쩨

무성음이며 [ㅉ]과 비슷한 발음입니다. 혀끝을 윗잇몸에 붙였다 떼면서 마찰과 파열을 일으켜 내는 소리입니다.

- [ㅉ] **цвето́к** 쯔비또ㅋ 꽃 / **цена́** 쯔나 가격, 값

⑤ **센입천장소리: 혀의 앞부분을 센 입천장에 붙였다가 떼면서 내는 소리**

- **Ч / ч** 체

무성음이며 [ㅊ]와 비슷한 발음입니다.

- [ㅊ] **чай** 차이 차 / **ча́шка** 차쉬까 찻잔, 공기

- **Щ / щ** 쌰

무성음이며 [쒸]와 비슷한 발음입니다.

- [쒸] **щётка** 쑈트까 솔 / **щека́** 쒸까 볼, 뺨

- **Й / й** 짧은 이 (и кра́ткое 이 끄라트까예)

유성음이며 й는 항상 모음과 결합하는 반자음입니다. 모음 앞에서 이중 모음을 형성해 йа [야], йо [요], йу [유], йэ [예]가 되며, 모음 뒤에 있을 때 [이]로 표기합니다.

- [요] йо́гурт 요구르트 요구르트
- [이] май 마이 5월

⑥ **여린입천장소리**: 혀의 뿌리 부분을 여린 입천장에 대었다가 떼면서 내는 소리

- **К / к** 까

무성음이며 [ㄲ]와 비슷한 발음입니다. 단어 맨 끝이나 뒤에 다른 자음이 있을 때는 [ㅋ]으로 소리납니다.

- [ㄲ] кот 꼬트 고양이
- [ㅋ] сок 소ㅋ 주스, 음료 / окно́ 아크노 창문

- **Г / г** 게

유성음이며 [ㄱ]와 비슷한 발음입니다.

- [ㄱ] го́род 고라트 도시 / голова́ 갈라바 머리

- **X / x** 하

무성음이며 [ㅎ]와 비슷하지만 더 강하게 발음합니다.

- [ㅎ]　**xólodno** 홀라드나 춥다 / **xleb** 흘례ㅍ 빵

(3) 경음 부호 **Ъ**

일종의 부호로 무음입니다. 한 단어 내에서 자음 뒤에 я, ё, ю, е(연자음 표시모음)이 오면 그 사이에 ъ를 써서, 연음 없이 각각 떼어 읽습니다. 연자음 표시모음 앞에 있는 자음이 연자음화가 되지 않도록 하기 위함입니다.

- **объявле́ние** 아브이블례니예 광고, 공고 /
  съесть 스예스찌 먹다

(4) 연음 부호 **Ь**

일종의 부호로 무음입니다. 한 단어 내에서 자음 뒤에 ь가 오면, 그 자음을 연자음화하여 혀의 가운데 부분을 입천장 쪽으로 올려 발음합니다. 짧게 내는 [이]와 비슷해 이 책에서는 한글 발음을 대부분 [이]로 표기합니다. 단, 자음 뒤에 오는 일부 경우는 표기하지 않았습니다.

- **мать** 마찌 어머니 / **семья́** 시미야 가족 /
  день 젠 낮, 하루

2. 발음 규칙

(1) 모음의 발음

① 강세 있는 모음

음절이 두 개 이상인 단어의 경우, 한 음절에 강세가 생깁니다. 강세는 모음에 있으며, 원래의 음을 유지하면서 강세가 없는 모음보다 상대적으로 더 길게 발음합니다.

② 모음 약화

강세가 없는 모음 a, я, o, e를 짧게 발음하면, 소리가 약화되어 철자 원래의 소리와 달라집니다.

✔ a, o의 약화

강세 없는 a, o가 단어의 첫 글자 또는 강세 바로 앞의 음절에 올 때는 [아]와 [어]의 중간 소리 [ʌ], 다른 위치에서 강세가 없으면 더 약화되어 [어]와 [으]의 중간소리 [ə]가 됩니다. 이 책에서는 강세 없는 a, o도 편의상 [아]로 한글 발음을 표시합니다.

· [아, ʌ] акула́ [акýлə] 아꿀라 상어 /
  нога́ [нагá] 나가 다리; 발

· [아, ə] о́блако [о́блəкə] 오블라까 구름 /
  молоко́ [мəлако́] 말라꼬 우유

✔ e, я의 약화

기본적으로 강세 없는 e, я는 [이]로 발음됩니다. 단, 단어의 첫 글자 e, я에 강세가 없으면 [йи] (국제 발음 기호 [ji], 편의상 [이])로 소리납니다. 강세 없는 끝 글자 e는 문법에 따라 발음이 달라질 수 있지만 동일하게 [예]로, 강세 없는 끝 글자 я는 [야]와 [여]의 중간 소리(편의상 [야])로 표기합니다.

- [이] метро́ [митро́] 미트로 지하철
- [이] яйцо́ [йийцо́] 이이쪼 달걀 /
  за́нято [за́нитэ] 자니따 비어 있지 않다
- [예] мо́ре 모례 바다
- [야] вре́мя 브례먀 시간

✔ 강세 없는 ча, ща

강세 없는 ча, ща는 각각 [치], [쒸]로 발음됩니다.

- [치] часы́ [чисы́] 치스 시계
- [쒸] пло́щадь [пло́щить] 쁠로쒸찌 광장

(2) 자음의 발음

러시아어 단어는 경우에 따라 유성 자음이 무성음화,
무성 자음이 유성음화됩니다.
이때 유성 자음과 무성 자음은 б [ㅂ] ↔ п [ㅃ],
в [ㅂ] ↔ ф [ㅍ], д [ㄷ] ↔ т [ㄸ], г [ㄱ] ↔ к [ㄲ],
з [ㅈ] ↔ с [ㅅ], ж [ㅈ] ↔ ш [쉬]로 호응됩니다.
(자음 조음위치표 참조)

① 무성음화

✔ 유성 자음이 단어 끝 철자인 경우

- хлеб → [хлеп] 흘례ㅍ 빵

  (단어 끝에 [п ㅃ]를 [ㅍ]로 표기합니다.)

- рука́в → [рука́ф] 루까ㅍ 소매

  (이입술 소리인 [ф ㅍ]입니다.)

- го́род → [го́рэт] 고라ㅌ 도시

  (단어 끝에 [т ㄸ]를 [ㅌ]로 표기합니다.)

- друг → [друк] 드루ㅋ 친구

  (단어 끝에 [к ㄲ]를 [ㅋ]로 표기합니다.)

- глаз → [глас] 글라ㅅ 눈

- нож → [нош] 노쉬 칼

✔ 단어끝 유성 자음에 연음 부호가 붙어도 무성음화
되는 경우

- дь → [ть]   пло́щадь 쁠로쒸찌 광장
- вь → [фь]   любо́вь 류보피 사랑

✔ 유성 자음이 무성 자음 앞에 오는 경우

- вт → [фт]   за́втра 자프트라 내일
- вч → [фч]   вчера́ 프치라 어제
- вк → [фк]   остано́вка 아스따노프까 버스 정류장
- бк → [пк]   ю́бка 유프까 치마
- жк → [шк]   ло́жка 로쉬까 숟가락

② 유성음화

✔ 무성 자음이 л, м, н, р를 제외한 유성 자음 앞에
오는 경우

- кз → [гз]   экза́мен 에그자민 시험
- сд → [зд]   сда́ча 즈다차 거스름돈

✔ 유성 자음 в는 예외로 앞에 오는 무성 자음을 유성
음화하지 않음

- свет 스베트 빛
- кварти́ра 끄바르찌라 아파트

23

③ 경자음

ж, ш, ц는 항상 경자음입니다. 뒤에 연자음 표시모음 е,
и가 와서 же, ше, це, жи, ши, ци가 되더라도 각각
경자음 표시모음 жэ, шэ, цэ, жы, шы, цы으로 발
음합니다. 그리고 뒤에 강세 없는 е가 오면 ы [으]로 발
음합니다.

- жи → [즈이] **жить** 즈찌 살다, 거주하다, 생활하다
- ши → [쉬이] **маши́на** 마쉬나 자동차
- це → [쩨] **центр** 쩬트ㄹ 중앙
- ше → [쉐] **шесть** 셰스찌 6, 여섯
- же → [즈이] **жена́** 즈나 아내

④ 연자음

연자음이란 호응하는 경자음에서 혀의 가운데 부분을 입
천장 쪽으로 올리며 구개음 [이]를 같이 내는 듯한 소리를
내는 자음입니다. 자음이 연자음 표시모음인 я, ё, ю, е,
и이나 연음 부호 ь 앞에 올 때 연자음이 됩니다.

tip. 자음 т와 д가 연자음일 때 한글 발음 표기는 다음과
같습니다.

- тя [쨔], тё [쬬], тю [쮸], те [쩨], ти [찌], ть [찌]
- дя [쟈], дё [죠], дю [쥬], де [제], ди [지], дь [지]

24

⑤ **묵음**

한 단어 내에서 자음이 3개 이상 연속할 때, 그중 하나는 묵음이 되기도 합니다.

- вств → [ств]　　здра́вствуйте 즈드라스트부이쩨 안녕하세요

- лнц → [нц]　　со́лнце 손쩨 해, 태양

Глава 3 **어디에서든 문제없어!**

Раздел 1 음식점

Глава 1
첫 만남부터 자신 있게!

처음 만났을 때

처음 뵙겠습니다.

Прия́тно познако́миться.

쁘리야트나 빠즈나꼬미짜

만나서 반갑습니다.

Рад(Ра́да) вас ви́деть.

라트(라다) 바ㅅ 비지찌

만나서 반가워.

Рад(Ра́да) тебя́ ви́деть.

라트(라다) 찌뱌 비지찌

이야기 많이 들었습니다.

Я мно́го о вас слы́шал(а).

야 므노가 아 바ㅅ 슬르샬(라)

항상 만나 뵙고 싶었어요.

Я всегда́ хоте́л(а) с ва́ми познако́миться.

야 프시그다 하쪨(라) 스 바미 빠즈나꼬미짜

만나 뵙게 되어 영광입니다.

Для меня́ честь с ва́ми познако́миться.

들랴 미냐 체스찌 스 바미 빠즈나꼬미짜

서로 인사합시다.

Дава́йте познако́мимся.

다바이쪠 빠즈나꼬밈샤

제 이름은 알렉산드르입니다.

Меня́ зову́т Алекса́ндр.

미냐 자부ㅌ 알리크산드ㄹ

저를 사샤라고 부르셔도 됩니다.

Вы мо́жете называ́ть меня́ Са́ша.

브 모즈찌 나즈바찌 미냐 사쌰

저를 이름으로만 부르셔도 됩니다.

Вы мо́жете называ́ть меня́ про́сто по и́мени.
브 모즈찌 나즈바찌 미냐 쁘로스따 빠 이미니

뭐라고 부르면 됩니까?

Как вас мо́жно называ́ть?
까ㅋ 빠ㅅ 모즈나 나즈바찌?

말을 낮춥시다. ('너'라고 서로 부릅시다.)

Дава́йте на «ты».
다바이쩨 나 '뜨'

말 낮출까요? ('너'라고 말을 할까요?)

Бу́дем на «ты»?
부짐 나 '뜨'?

명함을 주시겠어요?

Мо́жно ва́шу визи́тную ка́рточку?
모즈나 바슈 비지트누유 까르따츠꾸?

42

인사하기

 # 안녕하세요!

Здра́вствуйте!
즈드라스트부이쩨!

До́брое у́тро! (아침 인사)
도브라예 우트라!

С до́брым у́тром! (아침 인사)
스 도브름 우트람!

До́брый день! (오후 인사)
도브르이 젠!

До́брый ве́чер! (저녁 인사)
도브르이 베치르!

 # 안녕!

Здра́вствуй!
즈드라스트부이!

Приве́т!
쁘리베트!

Здоро́во!
즈다로바!

잘 자요. (밤에 자러 갈 때)

Споко́йной но́чи.
스빠꼬이나이 노치

혹시 우리 전에 만난 적 있나요?

Мы ра́ньше не встреча́лись?
므 란셰 니 프스트리찰리시?

오랜만에 만났을 때

오랜만이네!

Давно́ не ви́делись!
다브노 니 비질리시!

Ско́лько лет, ско́лько зим!
(그동안 많은 여름과 겨울이 지나갔다!)
스꼴까 레트, 스꼴까 짐!

Сто лет не ви́делись!
(100년 동안 서로 보지 못했다!)
스또 레트 니 비질리시!

이게 누구니!

Кого́ я ви́жу!
까보 야 비주!

그동안 어디 있었던 거니?

Где ты пропада́л(а) всё э́то вре́мя?
그제 뜨 쁘라빠달(라) 프쇼 에따 브례먀?

그동안 어떻게 지냈어?

Как ты пожива́л(а) всё э́то вре́мя?
까ㅋ 뜨 빠즈발(라) 프쇼 에따 브례먀?

그동안 어떻게 지내셨어요?

Как вы пожива́ли всё э́то вре́мя?
까ㅋ 브 빠즈발리 프쇼 에따 브례먀?

정말 만나기 힘드네.

С тобо́й ника́к не встре́тишься.
스 다뽀이 니까ㅋ 니 프스트례찌쉬샤

언제 마지막으로 본 거지?

Когда́ мы ви́делись в после́дний раз?

까그다 므 비질리시 프 빠슬레드니 라스?

하나도 안 변하셨어요.

Вы совсе́м не измени́лись.

브 사프셈 니 이즈미닐리시

더 좋아 보이네. 못 알아볼 뻔했어.

Ты вы́глядешь ещё лу́чше. Я чуть тебя́ не узна́л(а).

뜨 브글랴지쉬 이쑈 루츠셰.
야 추찌 찌뱌 니 우즈날(라)

세상 참 좁네요!

Мир те́сен!

미르 쩨신!

세월 참 빠르네!

Как бы́стро лети́т вре́мя!

까ㅋ 브스트라 리찌트 브레먀!

여기 웬일이야? (우연히 만났을 때)

Каки́ми судьба́ми?
까끼미 수지바미?

너에게 연락 닿기가 힘드네.

До тебя́ тру́дно дозвони́ться.
다 찌뱌 뜨루드나 다즈바니짜

До тебя́ не дозвони́шься.
다 찌뱌 니 다즈바니쉬샤

안부를 묻는 인사

어떻게 지내니?

Как дела́?
까ㅋ 질라?

Как твои́ дела́?
까ㅋ 뜨바이 질라?

Как у тебя́ дела́?
까ㅋ 우 찌뱌 질라?

어떻게 지내세요?

Как ва́ши дела́?
까ㅋ 바쉬 질라?

Как у вас дела́?
까ㅋ 우 바ㅅ 질라?

가족들은 어때요?

Как ва́ша семья́?
까ㅋ 바샤 시미야?

컨디션은 어때?

Как ты себя́ чу́вствуешь?
까ㅋ 뜨 시뱌 추스트부이쉬?

뭐 새로운 거 있나요?

Что но́вого?
쉬또 노바바?

무슨 일 있는 거예요?

Что́-нибудь случи́лось?
쉬또니부찌 슬루칠라시?

48

안부 인사에 대한 대답

 # 잘 지냅니다.

Хорошо́.
하라쇼

 # 괜찮게 지내요.

Норма́льно.
나르말리나

Ничего́.
니치보

 # 모든 게 잘되고 있어요.

Всё в поря́дке.
프쇼 프 빠랴트꼐

 # 평상시처럼 같아요.

Как обы́чно.
까ㅋ 아브츠나

모든 게 똑같아요.

Всё так же.

프쇼 따크 제

새로운 게 아무것도 없어요.

Ничего́ но́вого.

니치보 노바바

그럭저럭 지내요.

Так себе́.

따크 시볘

별로네요.

Не о́чень.

니 오친

헤어질 때 인사

안녕히 가세요. (안녕히 계세요.)

До свида́ния.

다 스비다니야

50

Проща́йте! (기약 없이 헤어질 때)
쁘라샤이쩨!

안녕! / 잘 가! / 잘 있어!

Пока́!
빠까!

Дава́й!
다바이!

Проща́й! (기약 없이 헤어질 때)
쁘라샤이!

다음에 만나요!

До встре́чи!
다 프스트레치!

조만간 다시 만나요!

До ско́рой встре́чи!
다 스꼬라이 프스트레치!

내일 봐요!

До за́втра!
다 자프트라!

잘 지내세요!

Счастли́во!
쒸슬리바!

Всего́ хоро́шего! (모든 좋은 것을 바랍니다!)
프시보 하로쉬바!

좋은 하루 되세요!

Хоро́шего дня!
하로쉬바 드냐!

До́брого дня!
도브라바 드냐!

또 오세요.

Приходи́те ещё раз.
쁘리하지쩨 이쑈 라ᄉ

친구들에게 안부 전해 줘!

Передава́й приве́т друзья́м!
삐리다바이 쁘리베ᄐ 드루지얌!

Приве́т друзья́м!
쁘리베ᄐ 드루지얌!

52

부모님께 안부를 전해 주세요!

Передава́йте приве́т роди́телям!
삐리다바이쩨 쁘리볫 라지찔럄!

즐거운 여행 되세요!

Счастли́вого пути́!
쒸슬리바바 뿌찌!

До́брого пути́!
도브라바 뿌찌!

즐거운 비행 되세요!

Лёгкого полёта и мя́гкой поса́дки!
료흐까바 빨료따 이 먀흐까이 빠사트끼!

환영할 때

어서 오십시오.

Добро́ пожа́ловать.
다브로 빠잘라바찌

모스크바에 오신 것을 환영합니다.

Приве́тствуем вас в Москве́.

쁘리베쯔트부임 바ㅅ 브 마스크볘

네 집처럼 생각하고 편하게 있어.

Чу́вствуй себя́ как до́ма.

추스트부이 시뱌 까ㅋ 도마

자기 집처럼 편하게 계세요.

Чу́вствуйте себя́ как до́ма.

추스트부이쩨 시뱌 까ㅋ 도마

우리 집이 마음에 들기 바랍니다.

Наде́юсь, вам у нас понра́вится.

나졔유시, 밤 우 나ㅅ 빠느라비짜

당신과 일하게 되어 반갑습니다.

Рад(Ра́да) с ва́ми рабо́тать.

라ㅌ(라다) 스 바미 라보따찌

말을 걸 때

이야기 좀 했으면 해요.

Я бы хоте́л(а) с ва́ми
поговори́ть.

야 브 하쪨(라) 스 바미 빠가바리찌

저에게 잠깐 시간 좀 내줄 수 있어요?

Вы мо́жете удели́ть мне
немно́го вре́мени?

브 모즈쩨 우질리찌 므녜 님노가 브레미니?

이야기할 시간 돼요?

У вас есть вре́мя, что́бы
поговори́ть со мно́й?

우 바스 예스찌 브례먀, 쉬또브 빠가바리찌 사
므노이?

너에게 이야기할 게 있어.

Мне ну́жно тебе́ ко́е-что
рассказа́ть.

므녜 누즈나 찌볘 꼬이쉬또 라스까자찌

잠깐 이야기해도 돼?

Мо́жно тебя́ на па́ру слов?

모즈노 찌뱌 나 빠루 슬로ㅍ?

이야기 좀 할 수 있을까요?

Мо́жно с ва́ми поговори́ть?

모즈나 스 바미 빠가바리찌?

말씀 중에 죄송합니다만.

Извини́те, что я вас прерыва́ю.

이즈비니쩨, 쉬또 야 바스 쁘리르바유

상대방에 대해 묻기

이름이 뭐니?

Как тебя́ зову́т?

까ㅋ 찌뱌 자부ㅌ?

이름이 뭐예요?

Как вас зову́т?

까ㅋ 바ㅅ 자부ㅌ?

성씨가 어떻게 되세요?

Как ва́ша фами́лия?

까ㅋ 바샤 파밀리야?

직업이 뭐예요?

Кто вы по профе́ссии?

끄또 브 빠 쁘라페시이?

무슨 일을 하세요?

Кем вы рабо́таете?

껨 브 라보따이쩨?

무엇을 하시나요? 학생이세요 아니면 직장인이세요?

Чем вы занима́етесь? Учитесь или рабо́таете?

쳄 브 자니마이쩨시? 우치쩨시 일리 라보따이쩨?

어디서 왔어요?

Отку́да вы прие́хали?

아트꾸다 브 쁘리예할리?

어느 나라에서 왔어요?

Из како́й вы страны́?

이스 까꼬이 브 스트라느?

신상 정보

저는 한국 사람입니다.

Я коре́ец(коре́янка).

야 까레이쯔(까리얀까)

58

저는 미혼입니다.

Я не жена́т(за́мужем).

야 니 즈나트(자무젬)

저는 결혼했어요.

Я жена́т(за́мужем).

야 즈나트(자무젬)

저는 가정이 있어요.

У меня́ есть семья́.

우 미냐 예스찌 시미야

저는 자식들이 있어요.

У меня́ есть де́ти.

우 미냐 예스찌 제찌

저는 부모님과 함께 살고 있어요.

Я живу́ вме́сте с роди́телями.

야 즈부 브메스쩨 스 라지찔랴미

저는 25살입니다.

Мне два́дцать пять лет.
므녜 드바짜찌 빠찌 례ㅌ

저는 대학 1학년생입니다.

Я учу́сь на пе́рвом ку́рсе.
야 우추시 나 뻬르밤 꾸르세

자기소개

제 소개를 하겠습니다.

Разреши́те предста́виться.
라즈리쉬쩨 쁘리쯔따비짜

저는 김 알렉세이라고 합니다.

Меня́ зову́т Ким Алексе́й.
미냐 자부ㅌ 김 알리크세이

저의 성은 김입니다.

Моя́ фами́лия Ким.
마야 파밀리야 김

저는 한국에서 왔어요.

Я прие́хал(а) из Коре́и.
야 쁘리예할(라) 이스 까례이

Я из Ю́жной Коре́и.
야 이즈 유즈나이 까례이

저는 사업차 러시아에 왔습니다.

Я прие́хал(а) по би́знесу.
야 쁘리예할(라) 빠 비즈니수

저는 관광차 왔습니다.

Я прие́хал(а) в туристи́ческую пое́здку.
야 쁘리예할(라) 프 뚜리스찌치스꾸유 빠예스꾸

저는 공부하러 왔습니다.

Я прие́хал(а) на учёбу.
야 쁘리예할(라) 나 우쵸부

소개하기

자기소개를 해 주세요.

Предста́вьтесь, пожа́луйста.
쁘리쯔따피찌시, 빠잘루스따

제 동료를 소개해 드리겠습니다.

Разреши́те предста́вить моего́
колле́гу. (동료가 남성일 때)
라즈리쉐쩨 쁘리쯔따비찌 마이보 깔레구

Разреши́те предста́вить мою́
колле́гу. (동료가 여성일 때)
라즈리쉐쩨 쁘리쯔따비찌 마유 깔레구

그는 알렉세이라고 합니다.

Его́ зову́т Алексе́й.
이보 자부ㅌ 알리크세이

(제가 소개하는 사람을) 잘 부탁드립니다.

Прошу́ люби́ть и жа́ловать.
쁘라슈 류비찌 이 잘라바찌

인사하세요. 이분은 제 친구예요.

Познако́мьтесь. Э́то мой друг.

(친구가 남성일 때)

빠즈나꼼찌시. 에따 모이 드루ㅋ

Познако́мьтесь. Э́то моя́ подру́га. (친구가 여성일 때)

빠즈나꼼찌시. 에따 모야 빠드루가

감사

감사합니다.

Спаси́бо.
스빠시바

대단히 감사합니다.

Большо́е спаси́бо.
발쇼예 스빠시바

감사드립니다.

Благодарю́ вас.
블라가다류 바ㅅ

당신에게 매우 감사하고 있습니다.

Я о́чень благода́рен (благода́рна) вам.
야 오친 블라가다린(블라가다르나) 밤

고맙다는 말을 전하고 싶습니다.

Я хоте́л(а) бы вы́разить свою́
благода́рность.
야 하쪨(라) 브 브라지찌 스바유 블라가다르나스찌

여러 가지로 감사합니다.

Спаси́бо за всё.
스빠시바 자 프쇼

#.모두에게 감사합니다.

Спаси́бо всем.
스빠시바 프셈

도와주셔서 감사합니다.

Спаси́бо за по́мощь.
스빠시바 자 뽀마쒸

정보 주셔서 감사합니다.

Спаси́бо за информа́цию.
스빠시바 자 인파르마쯔유

와 주셔서 감사합니다.

Спаси́бо за то, что вы пришли́.
스빠시바 자 또, 쉬또 브 쁘리쉴리

선물 감사합니다.

Спаси́бо за пода́рок.
스빠시바 자 빠다라ㅋ

경청해 주셔서 감사합니다.

Спаси́бо за внима́ние.
스빠시바 자 브니마니예

축하해 주셔서 감사합니다.

Спаси́бо за поздравле́ние.
스빠시바 자 빠즈드라블레니예

저를 위해 해 주신 모든 것에 감사를 드립니다.

Благодарю́ за всё, что вы сде́лали для меня́.
블라가다류 자 프쇼, 쉬또 브 즈젤랄리 들랴 미냐

감사에 대한 대답

천만에요.

Пожа́луйста.
빠잘루스따

별말씀을요.

Не сто́ит.
니 스또이트

Не сто́ит благода́рности.
니 스또이트 블라가다르나스찌

Не́ за что.
녜 자 쉬또

별말씀을요. 대단한 일도 아닌데요.
(별말씀을요. 너무나 사소한 일이에요!)

Ну что вы. Каки́е ме́лочи!
누 쉬또 브. 까끼예 멜라치!

당신에게 도움이 될 수 있어서 언제나 기뻐요.

Я всегда́ рад(ра́да) вам помо́чь.
야 프시그다 라트(라다) 밤 빠모치

언제나 저에게 도움을 요청하셔도 됩니다.

Мо́жете всегда́ обраща́ться ко мне за по́мощью.
모즈쩨 프시그다 아브라쌰짜 까 므녜 자 뽀마쒸유

오히려 제가 감사드려야죠.

Это я до́лжен(должна́) вас поблагодари́ть.
에따 야 돌즌(달즈나) 바스 빠블라가다리찌

사과

죄송합니다.

Извини́те.
이즈비니쩨

용서해 주세요.

Прости́те.
쁘라스찌쩨

사과드립니다.

Приношу́ свои́ извине́ния.
쁘리나슈 스바이 이즈비녜니야

Прими́те мои́ извине́ния.
쁘리미쩨 마이 이즈비녜니야

늦어서 죄송합니다.

Извини́те за опозда́ние.
이즈비니쩨 자 아빠즈다니예

말씀 중에 죄송합니다.

Извини́те за то, что я вас перебива́ю.

이즈비니쩨 자 또, 쉬또 야 바스 삐리비바유

폐를 끼쳐 죄송합니다.

Извини́те за беспоко́йство.

이즈비니쩨 자 비스빠꼬이스트바

늦은 시간에 연락드려서 죄송합니다.

Извини́те, что звоню́ так по́здно.

이즈비니쩨, 쉬또 즈바뉴 따ㅋ 뽀즈나

잘못 & 실수

제 잘못이에요.

Э́то я винова́т(а).

에따 야 비나바ㅌ(비나바따)

70

이건 다 제 탓이에요.

Это всё из-за меня́.
에따 프쇼 이자 미냐

제 실수예요.

Это моя́ оши́бка.
에따 마야 아쉬프까

고의가 아니었어요.

Я не наро́чно.
야 니 나로쉬나

Я не специа́льно.
야 니 스뻬쯔알리나

당신을 기분 상하게 할 생각이 아니었어요.

Я не хоте́л(а) вас оби́деть.
야 니 하쩰(라) 바스 아비지찌

제가 실수한 것을 인정합니다.

Я признаю́ свою́ оши́бку.
야 쁘리즈나야 스바유 아쉬프꾸

71

저는 잘하려고 했을 뿐이에요.

Я хоте́л(а) то́лько как лу́чше.

야 하쪨(라) 똘까 까ㅋ 루츠셰

죄송해요. 어쩔 수 없었어요.

Извини́те, но не́ было друго́го вы́хода.

이즈비니쩨. 노 녜 블라 드루고바 브하다

미안해요. 깜빡 잊었어요.

Извини́те, но я совсе́м забы́л(а).

이즈비니쩨. 노 야 사프셈 자블(라)

제가 다 망쳤어요.

Э́то я всё испо́ртил(а).

에따 야 프쇼 이스뽀르찔(라)

이런 결과는 예상조차 못했어요.

Я да́же не ожида́л(а) тако́го результа́та.

야 다졔 니 아즈달(라) 따꼬바 리줄따따

모든 것을 바로잡고자 노력할게요.

Я постара́юсь всё испра́вить.
야 빠스따라유시 프쇼 이스프라비찌

이런 일은 다시 없을 겁니다.

Тако́го бо́льше не случи́тся никогда́.
따꼬바 볼셰 니 슬루치짜 니까그다

또다시 이런 실수는 없을 겁니다.

Бо́льше тако́й оши́бки не бу́дет.
볼셰 따꼬이 아쉬프끼 니 부지트

사과에 대한 대답

괜찮습니다.

Ничего́.
니치보

Ничего́ стра́шного.
니치보 스트라쉬나바

Всё норма́льно.
프쇼 나르말리나

걱정하지 마세요.

Не беспоко́йтесь.
니 비스빠꼬이찌시

Не волну́йтесь.
니 발르누이찌시

이미 다 잊었어.

Я уже́ всё забы́л(а).
야 우제 프쇼 자블(라)

알았어. 너를 용서할게.

Ла́дно. Я тебе́ всё проща́ю.

라드나. 야 찌볘 프쇼 쁘라쌰유

당신의 사과를 받아들입니다.

Я принима́ю ва́ши извине́ния.

야 쁘리니마유 바쉬 이즈비녜니야

저야말로 당신에게 사과를 드려야죠.

Э́то я до́лжен(должна́) извини́ться пе́ред ва́ми.

에따 야 돌즌(달즈나) 이즈비니짜 뼤리드 바미

잘 알아듣지 못했을 때

뭐라고 했어?

Что ты сказа́л(а)?

쉬또 뜨 스까잘(라)?

뭐라고 했어요?

Что вы сказа́ли?

쉬또 브 스까잘리?

죄송해요. 잘 안 들려요.

Извини́те. Мне не слы́шно.

이즈비니쩨. 므녜 니 슬르쉬나

죄송해요. 잘 못 들었어요.

Извини́те. Я не рассл́ышал(а).

이즈비니쩨. 야 니 라슬르샬(라)

말이 너무 빨라요.

Вы говори́те о́чень бы́стро.

브 가바리쩨 오친 브스트라

죄송해요. 뭐라고 하셨는지 알아듣지 못했어요.

Извини́те. Я не по́нял(поняла́), что вы сказа́ли.

이즈비니쩨. 야 니 뽀닐(빠닐라). 쉬또 브 스까잘리

당신이 무슨 말을 하는지 잘 모르겠어요.

Я не зна́ю, о чём вы говори́те.

야 니 즈나유. 아 쵬 브 가바리쩨

한번 더 말해 주세요.

Повтори́те, пожа́луйста, ещё раз.

빠프따리쩨. 빠잘루스따. 이쑈 라스

조금 더 천천히 말해 주세요.

Говори́те, пожа́луйста, ме́дленнее.

가바리쩨. 빠잘루스따. 메들리녜예

조금 더 크게 말해 주세요.

Говори́те, пожа́луйста, гро́мче.

가바리쩨. 빠잘루스따. 그롬체

조금 더 구체적으로 얘기해 주세요.

Расскажи́те поподро́бнее.

라스까즈쪠 빠빠드로브녜예

다시 한번 설명해 주세요.

Объясни́те, пожа́луйста, ещё раз.

아브이스니쪠, 빠잘루스따, 이쑈 라스

알아들을 수 있게 좀 말해 주세요.

Говори́те, пожа́луйста, вня́тно.

가바리쪠, 빠잘루스따, 브냐트나

쉬운 말로 좀 말해 주세요.

Говори́те, пожа́луйста, просты́ми слова́ми.

가바리쪠, 빠잘루스따, 쁘라스뜨미 슬라바미

실례 & 양해

실례지만, 지나가도 될까요?

Извини́те, мо́жно пройти́?

이즈비니쩨, 모즈나 쁘라이찌?

Извини́те, разреши́те пройти́.

(실례지만, 지나가겠습니다.)

이즈비니쩨, 라즈리쉬쩨 쁘라이찌

실례지만, 곧 돌아오겠습니다.

Извини́те, я верну́сь че́рез мину́ту.

이즈비니쩨, 야 비르누시 체리즈 미누뚜

실례지만, 이만 가 봐야겠어요.

Извини́те, мне уже́ ну́жно уходи́ть.

이즈비니쩨, 므녜 우제 누즈나 우하지찌

죄송하지만, 조금 늦겠습니다.

Извини́те, я опозда́ю на немно́го.
이즈비니쩨, 야 아빠즈다유 나 님노가

죄송하지만, 제시간에 도착하지 못할 겁니다.

Извини́те, я не смогу́ прийти́ во́время.
이즈비니쩨, 야 니 스마구 쁘리이찌 보브리먀

죄송하지만, 미팅에 못 올 겁니다.

Извини́те, я не смогу́ прийти́ на встре́чу.
이즈비니쩨, 야 니 스마구 쁘리이찌 나 프스트레추

긍정 대답

좋아요.

Хорошо́.
하라쇼

Отли́чно.
아뜰리츠나

알았어.

Ла́дно.
라드나

문제없어요.

Без пробле́м.
베스 쁘라블렘

기꺼이 하죠.

С удово́льствием.
스 우다볼리스트비옘

그렇게 할게요.

Я так и сде́лаю.
야 따크 이 즈젤라유

저를 신뢰하셔도 됩니다.

Мо́жете положи́ться на меня́.
모즈쩨 빨라즈짜 나 미냐

동의합니다.

Я согла́сен(согла́сна).
야 사글라신(사글라스나)

훌륭한 생각이다!

Отли́чная иде́я!
아틀리츠나야 이제야!

부정 대답

물론 아니죠.

Коне́чно же, нет.
까녜쉬나 즈. 녜ㅌ

전혀 모르겠어요.

Я совсе́м не зна́ю.
야 사프셈 니 즈나유

잘 모르겠네요.

Я не уве́рен(а).
야 니 우볘린(우볘리나)

옳지 않아요.

Неве́рно.
니베르나

Непра́вильно.
니프라빌리나

아무것도 할 수 없네요.

Ничего́ сде́лать невозмо́жно.
니치보 즈젤라찌 니바즈모즈나

Ничего́ сде́лать нельзя́.
니치보 즈젤라찌 닐쟈

어떻게 할 수 없네요.

Ниче́м не помо́жешь.
니쳄 니 빠모즈쉬

아무런 방법이 없네요.

Нет никако́го спо́соба.
녜트 니까꼬바 스뽀사바

거절

싫어.

Не хочу́.

니 하추

안 돼요.

Нельзя́.

닐쟈

Нет и всё.

녜트 이 프쑈

안 하겠습니다.

Я не бу́ду э́того де́лать.

야 니 부두 에따바 젤라찌

죄송하지만, 전 못하겠어요.

Извини́те, я не могу́.

이즈비니쩨, 야 니 마구

죄송하지만, 제 힘으로 안될 것 같네요.

Извини́те, э́то не в мои́х си́лах.
이즈비니쩨. 에따 니 브 마이ㅎ 실라ㅎ

저는 당신께 거절합니다.

Я отка́зываю вам.
야 아트까즈바유 밤

당신이 저한테 아무리 부탁해도 저는 안 할 겁니다.

Как бы вы не проси́ли, я не бу́ду э́того де́лать.
까ㅋ 브 브 니 쁘라실리. 야 니 부두 에따바 젤라찌

반대

반대합니다.

Я про́тив.
야 쁘로찌ㅍ

Я возража́ю.
야 바즈라자유

전 그런 결정에 반대합니다.

Я про́тив тако́го реше́ния.

야 쁘로찌ㅍ 따꼬바 리셰니야

저는 동의하지 않아요.

Я не согла́сен(согла́сна).

야 니 사글라신(사글라스나)

저는 당신의 의견에 동의하지 않아요.

Я не согла́сен(согла́сна) с ва́шим мне́нием.

야 니 사글라신(사글라스나) 스 바쉼 므녜니엠

저는 동의할 수 없어요.

Я не могу́ согласи́ться.

야 니 마구 사글라시짜

그건 절대 안 됩니다.
(그것에 대해 얘기조차 나오면 안 됩니다.)

Об э́том не мо́жет быть и ре́чи.

아브 에땀 니 모즈ㅌ 쁘찌 이 레치

당신이 잘못 생각하시는 거예요.

Вы ошиба́етесь.

브 아쉬바이찌시

맞장구칠 때

저도 그렇게 생각해요.

Я то́же так ду́маю.

야 또제 따ㅋ 두마유

Я то́же так счита́ю.

야 또제 따ㅋ 쒸따유

Ты чита́ешь мои́ мы́сли.

(네가 내 생각을 읽는구나.)

뜨 치따이쉬 마이 므슬리

맞아요.

Пра́вильно.

쁘라빌리나

Ве́рно.

베르나

완전히 옳아요.

Соверше́нно ве́рно.
사비르세나 베르나

Абсолю́тно ве́рно.
아프살류트나 베르나

정확해요.

То́чно.
또츠나

당신의 말에 동의해요.

Я с ва́ми согла́сен(согла́сна).
야 스 바미 사글라신(사글라스나)

네 말이 맞다.

Ты прав(права́).
뜨 쁘라ㅍ(쁘라바)

맞장구치지 않을 때

과연 정말일까? (의혹)

Неуже́ли?
니우젤리?

그럴 리가요!

Не мо́жет быть!
니 모즈트 브찌!

난 네 말을 믿을 수 없어.

Я тебе́ не ве́рю.
야 찌볘 니 볘류

전 당신의 말을 믿을 수 없어요.

Я вам не ве́рю.
야 밤 니 볘류

무슨 소릴 하는 거야?

Да что ты тако́е говори́шь?
다 쉬또 뜨 따꼬에 가바리쉬?

아니요, 그게 그렇지 않아요.

Нет, э́то не так.

녜트, 에따 니 따ㅋ

저는 그렇게 생각하지 않아요.

Я так не ду́маю.

야 따ㅋ 니 두마유

저는 반대로 생각해요.

Я ду́маю наоборо́т.

야 두마유 나아바로트

기타 대답

아마도.

Наве́рно.

나볘르나

Мо́жет быть.

모즈트 브찌

그럴 줄 알았어요.

Я так и зна́л(а).
야 따ㅋ 이 즈날(라)

Я так и ду́мал(а).
야 따ㅋ 이 두말(라)

경우에 따라 다르지.

Зави́сит от ситуа́ции.
자비시ㅌ 아트 시뚜아쯔이

그때그때 다르지.

Всегда́ по-ра́зному.
프시그다 빠라즈나무

사람마다 다르지.

У всех по-ра́зному.
우 프세ㅎ 빠라즈나무

이해됐지?

Поня́тно?
빠냐트나?

Я́сно?
야스나?

다 이해했지?

Всё по́нял(поняла́)?
프쇼 뽀닐(빠닐라)?

어떻게 아는 거야?

Отку́да ты зна́ешь?
아트꾸다 뜨 즈나이쉬?

정확히 기억이 나지 않아요.

То́чно не по́мню.
또츠나 니 뽐뉴

기억이 잘 나지 않아요.

Не могу́ вспо́мнить.
니 마구 프스뽐니찌

잠시 생각할 시간을 주세요.

Да́йте мне поду́мать.

다이쩨 므녜 빠두마찌

농담하지 마!

Брось шути́ть!

브로시 슈찌찌!

미안. 농담이야.

Извини́. Я пошути́л(а).

이즈비니. 야 빠슈찔(라)

난 그것에 대해 이미 들었어.

Я уже́ об э́том слы́шал(а).

야 우제 아브 에땀 슬라샬(라)

처음 듣는 거야.

В пе́рвый раз слы́шу.

프 뼤르브이 라스 슬르슈

주의

위험해요!

Опа́сно!
아빠스나!

조심해요!

Осторо́жно!
아스따로즈나!

조심하세요!

Бу́дьте осторо́жны!
부쩨 아스따로즈느!

잘 봐!

Смотри́ в о́ба!
스마트리 브 오바!

차 조심해요!

Осторо́жно! Маши́на!
아스따로즈나! 마쉬나!

예의 바르게 행동해.

Веди́ себя́ прили́чно.
비지 시뱌 쁘릴리츠나

Веди́ себя́ ве́жливо.
비지 시뱌 볘즐리바

무례하게 굴지 마!

Не груби́!
니 그루비!

말 조심해.

Следи́ за свое́й ре́чью.
슬리지 자 스바예이 례치유

불 끄는 거 잊지 마.

Не забу́дь вы́ключить свет.
니 자부찌 브클류치찌 스볘트

늦잠 자지 마!

Смотри́ не проспи́!
스마트리 니 쁘라스삐!

미끄러워! 넘어지지 마!

Скóльзко! Смотри́ не упади́!

스꼴리스까! 스마트리 니 우빠지!

늦게까지 돌아다니지 마!

Не ходи́ допоздна́!

니 하지 다빠즈나!

시끄럽게 하지 마.

Не шуми́.

니 슈미

장난치지 마.

Не балу́йся.

니 발루이샤

신분증 가져가는 거 잊지 마.

Не забу́дь взять докуме́нты.

니 자부찌 브쟈찌 다꾸멘뜨

부를 때 들어오세요.

Входи́те, когда́ вас позову́т.
프하지쩨, 까그다 바스 바자부트

충고

이번에는 할 수 있는 만큼 열심히 해 봐.

Постара́йся как мо́жешь на э́тот раз.
빠스따라이샤 까ㅋ 모즈쉬 나 에따ㅌ 라스

나의 충고대로 하는 게 좋을 거야.

Лу́чше бы тебе́ послу́шаться моего́ сове́та.
루츠셰 브 찌뻬 빠슬루샤짜 마이보 사볘따

다른 사람의 말은 듣지 마. 네 생각대로 해.

Не слу́шай никого́.
Де́лай по-сво́ему.
니 슬루샤이 니까보, 젤라이 빠스보이무

결정하기 전에 잘 생각해 봐.

Хорошо́ поду́май, пе́ред тем как приня́ть реше́ние.

하라쇼 빠두마이, 뼤리트 쩸 까ㅋ 브리냐찌 리셰니예

결정하는 걸 서두르지 마.

Не торопи́сь с реше́нием.

니 따라삐시 스 리셰니옘

모든 걸 잘 고려해 봐.

Всё хороше́нько взвесь.

프쇼 하라셰니까 브즈볘시

그것에 시간 낭비하지 마.

Не трать на э́то вре́мя.

니 뜨라찌 나 에따 브레먀

다음번에 나와 꼭 상의해.

В сле́дующий раз обяза́тельно посове́туйся со мной.

프 슬례두쒸 라스 아비자찔리나 빠사베뚜이샤 사 므노이

필요할 때 나에게 충고를 요청해.

Обращайся ко мне за советом, когда будет нужно.

아브라쌰이샤 까 므네 자 사볘땀, 까그다 부지ㅌ 누즈나

열심히 하면 다 잘될 거야.

Будешь стараться, всё получится.

부지쉬 스따라짜, 프쇼 빨루치짜

시간 지나면 다 해결될 거야.

Со временем всё разрешится.

사 브례미님 프쇼 라즈리쉬짜

너무 기대하지 마.

Слишком не надейся.

슬리쉬깜 니 나졔이샤

적당히 일해. 휴식도 필요한 거야.

Рабо́тай в ме́ру. О́тдых то́же ну́жен.

라보따이 브 메루. 오드ㅎ 또제 누즌

존경

우리 모두 다 당신을 존경합니다.

Мы все вас о́чень уважа́ем.
므 프세 바스 오친 우바자임

모두 다 그(그녀)를 정중히 대합니다.

Все отно́сятся к нему́(ней) с уваже́нием.
프세 아트노샤짜 끄 니무(녜이) 스 우바제니옘

우린 당신의 의견을 존경해요.

Мы уважа́ем ва́ше мне́ние.
므 우바자임 바셰 므녜니예

모두 다 그녀처럼 되고 싶어해요.

Все хотя́т быть как она́.
프세 하쨔ㅌ 브찌 까ㅋ 아나

101

난 그를 본보기로 삼는다.

Я беру́ с него́ приме́р.

야 비루 스 니보 쁘리몌르

전 그를 존경하고 닮고 싶어요.

Я его́ уважа́ю и хочу́ быть похо́жим(похо́жей) на него́.

야 이보 우바자유 이 하추 브찌 빠호즘(빠호졔이)
나 니보

그가 우리 회사에서 가장 존경스러운 직원이다.

Он са́мый уважа́емый рабо́тник в на́шей фи́рме.

온 사므이 우바자이므이 라보트니크 브 나셰이
피르몌

칭찬

 # 잘했어요!

Молоде́ц! (한 명에게)
말라졔쯔!

Умница! (한 명에게)
움니짜!

Молодцы́! (여러 명에게)
말라쯔!

Умницы! (여러 명에게)
움니쯔!

 # 매우 좋아요!

О́чень хорошо́!
오친 하라쇼!

 # 훌륭해요!

Прекра́сно!
쁘리크라스나!

Превосхо́дно!
쁘리바스호드나!

넌 손재주가 좋다. (넌 황금 손이다.)

У тебя́ золоты́е ру́ки.
우 찌뱌 잘라뜨예 루끼

당신의 능력을 높이 평가합니다.

Я о́чень ценю́ ва́ши спосо́бности.
야 오친 쯔뉴 바쉬 스빠소브나스찌

어떻게 넌 모든 걸 다 잘하는 거니?

Как у тебя́ всё получа́ется?
까ㅋ 우 찌뱌 프쇼 빨루차이짜?

격려

포기하지 마.

Не сдава́йся.
니 즈다바이샤

다 잘될 거야.

Всё бу́дет хорошо́.
프쇼 부지ㅌ 하라쇼

Всё полу́чится.
프쇼 빨루치짜

다 잘 풀릴 거야.

Всё нала́дится.
프쇼 날라지짜

Всё образу́ется.
프쇼 아브라주이짜

Всё испра́вится.
프쇼 이스프라비짜

다 지나갈 거야.

Всё пройдёт.
프쇼 쁘라이죠ㅌ

다 제자리로 돌아갈 거야.

Всё вста́нет на свои́ места́.
프쇼 프스따니ㅌ 나 스바이 미스따

네가 원하는 대로 될 거야.

Всё бу́дет так, как ты хо́чешь.
프쇼 부지트 따ㅋ, 까ㅋ 뜨 호치쉬

넌 네 목표를 달성할 거야!

Ты добьёшься своего́!
뜨 다비요쉬샤 스바이보!

자신을 믿어!

Верь в себя́!
볘리 프 시뱌!

난 너의 힘을 믿어.

Я ве́рю в твои́ си́лы.
야 볘류 프 뜨바이 실르

좋은 일만 믿어!

Верь в лу́чшее!
볘리 브 루츠셰예

긍정적으로 받아들여.

Смотри́ на всё позити́вно.
스마트리 나 프쇼 빠지찌브나

너도 언젠가 좋은 일이 있을 것이다.
(너의 거리에도 축제가 있을 것이다.)

И на твое́й у́лице бу́дет пра́здник.
이 나 뜨바예이 울리쩨 부지트 쁘라즈니ㅋ

누구나 실수를 할 수 있어.

Ка́ждый мо́жет ошиби́ться.
까즈드이 모즈트 아쉬비짜

실수를 통해 배우는 거야.

На оши́бках у́чатся.
나 아쉬프까ㅎ 우차짜

부탁

좀 도와주세요.

Помоги́те, пожа́луйста.
빠마기쩨, 빠잘루스따

문을 좀 잡아 주세요.

Бу́дьте добры́, придержи́те дверь.
부쩨 다브르, 쁘리지르즈쩨 드볘르

도와 달라고 부탁드려도 될까요?

Мо́жно вас попроси́ть помо́чь?
모즈나 바스 빠프라시찌 빠모츠?

도와주시면 감사하겠습니다.

Бу́ду вам о́чень благода́рен(благода́рна), е́сли вы помо́жете.
부두 밤 오친 블라가다린(블라가다르나), 예슬리 브 빠모즈쩨

선반에서 가방 내리는 것 좀 도와주세요.

Помоги́те, пожа́луйста, снять су́мку с по́лки.

빠마기쩨, 빠잘루스따, 스냐찌 숨꾸 스 뽈끼

네 전화기 좀 써도 될까?

Мо́жно позвони́ть с твоего́ телефо́на?

모즈나 빠즈바니찌 스 뜨바이보 찔리포나?

도움

도와드릴까요?

Вам помо́чь?

밤 빠모ㅊ?

제가 도와드릴게요.

Дава́йте я вам помогу́.

다바이쩨 야 밤 빠마구

가방을 들어 드릴까요?

Вам помо́чь донести́ су́мку?
밤 빠모ㅊ 다니스찌 숨꾸?

원하시면 제가 도와드리겠습니다.

Е́сли вы хоти́те, я могу́ вам помо́чь.
예슬리 브 하찌쩨, 야 마구 밤 빠모ㅊ

필요하실 때 저한테 도움 요청하세요.

Обраща́йтесь за по́мощью, когда́ вам пона́добится.
아브라싸이찌시 자 뽀마쒸유, 까그다 밤 빠나다비짜

도와드리는 것이 기쁩니다.

Я бу́ду рад(ра́да) вам помо́чь.
야 부두 라ㅌ(라다) 밤 빠모ㅊ

너를 언제나 도와줄 수 있어.

Я всегда́ гото́в(а) тебе́ помо́чь.
야 프시그다 가또ㅍ(가또바) 찌뻬 빠모ㅊ

110

재촉

빨리! 빨리!

Бы́стро! Бы́стро!
브스트라! 브스트라!

서둘러!

Поторопи́сь!
빠따라삐시!

Дава́й быстре́е!
다바이 브스트례예!

서두르세요!

Поторопи́тесь!
빠따라삐찌시!

꾸물대지 마.

Не ме́шкай.
니 몌쉬까이

Не копоши́сь.
니 까빠쉬시

Хва́тит копоши́ться.
흐바찌ㅌ 까빠쉬짜

왜 이렇게 거북처럼 느린 거야?

Да что ты там как черепа́ха?
다 쉬또 뜨 땀 까ㅋ 치리빠하?

아직 준비 안 됐어?

Ты что ещё не гото́в(а)?
뜨 쉬또 이쑈 니 가또ㅍ(가또바)?

Ты ещё не собра́лся(собрала́сь)?
뜨 이쑈 니 사브랄샤(사브랄라시)?

우린 이제 시간 없어.

У нас уже нет вре́мени.
우 나ㅅ 우제 녜ㅌ 브례미니

너 지금 안 나오면 우리는 지각이다.

Éсли ты сейчáс не вы́йдешь, мы опоздáем.

예슬리 뜨 시차스 니 브이지쉬, 므 아빠즈다임

더 이상 못 기다리겠어.

Мне надоéло ждать.

므녜 나다옐라 즈다찌

지각하고 싶은 거니?

Ты что хóчешь опоздáть?

뜨 쉬또 호치쉬 아빠즈다찌?

그는 느려 터졌어요.

Он медли́тельный до невозмо́жности.

온 미들리찔리느이 다 니바즈모즈나스찌

Он ужáсно медли́тельный.

온 우자스나 미들리찔리느이

기간 내에 마무리하도록 해.

Постара́йся всё зако́нчить в
срок.

빠스따라이샤 프쇼 자꼰치찌 프 스로크

긍정적 추측

모든 게 충분히 가능해요.

Всё вполне́ возмо́жно.

프쇼 프빨르녜 바즈모즈나

바로 그렇게 될 거라고 생각했어요.

Я так и ду́мал(а), что так
полу́чится.

야 따크 이 두말(라), 쉬또 따크 빨루치짜

모든 게 잘될 거라고 예상하고 있어요.

Предполага́ю, что всё бу́дет
отли́чно.

쁘리트빨라가유, 쉬또 프쇼 부지트 아틀리츠나

좋은 결과를 기대하고 있어요.

Надéюсь на хорóшие результáты.
나졔유시 나 하로쉬예 리줄따뜨

성공적인 결과를 기대합시다.

Давáйте надéяться на успéшный результáт.
다바이쩨 나졔이짜 나 우스뻬쉬늬이 리줄따트

내 기대에 어긋나지 않았어요.

Мои́ ожидáния оправдáлись.
마이 아즈다니야 아프라브달리시

부정적 추측

잘 안될 거라는 확신이 있어요.

Увéрен(а), что не полýчится.
우볘린(우볘리나), 쉬또 니 빨루치짜

거의 불가능해요.

Почти́ невозмо́жно.
빠치찌 니바즈모즈나

Практи́чески невозмо́жно.
쁘라크찌치스끼 니바즈모즈나

상상조차 힘들어요.

Да́же предста́вить тру́дно.
다제 쁘리쯔다비찌 뜨루드나

기대조차 안 해도 돼요.

Да́же мо́жно не наде́яться.
다제 모즈나 니 나졔이짜

그런 건 시작 안 하는 게 나아요.

Тако́е лу́чше и не начина́ть.
따꼬예 루츠셰 이 니 나치나찌

가능성이 매우 적어요.

Вероя́тность о́чень мала́.
비라야트나스찌 오친 말라

우리가 시간만 낭비할 것 같아요.

Ду́маю, мы то́лько вре́мя потеря́ем.
두마유, 므 똘까 브례먀 빠찌랴임

동정

안됐네요!

Óчень жаль!
오친 잘!

Жа́лко!
잘까!

Как жа́лко!
까ㅋ 잘까!

Кака́я доса́да!
까까야 다사다!

유감입니다.

Я вам сочу́вствую.
야 밤 사추스트부유

유감이다.

Я тебе́ сочу́вствую.

야 찌볘 사추스트부유

너무 실망하지 마.

Си́льно не расстра́ивайся.

실리나 니 라스트라이바이샤

난 너를 이해한다.

Я тебя́ понима́ю.

야 찌뱌 빠니마유

너는 모든 걸 바르게 했어.

Ты пра́вильно всё сде́лал(а).

뜨 쁘라빌리나 프쇼 즈졔랄(라)

네 잘못이 아니야.

Э́то не твоя́ вина́.

에따 니 뜨바야 비나

118

자책하지 마.

Не вини́ себя́.
니 비니 시뱌

나는 너를 진심으로 동정한다.

Я тебя́ и́скренне жале́ю.
야 찌뱌 이스크리녜 잘례유

나는 네가 불쌍해.

Мне тебя́ жаль.
므녜 찌뱌 잘

너무 심각하게 받아들이지 마.

Не принима́й бли́зко к се́рдцу.
니 쁘리니마이 블리스까 크 세르쭈

네 입장에선 나도 그렇게 했을 거야.

Я бы то́же на твоём ме́сте так поступи́л(а).
야 브 또제 나 뜨바욤 메스쩨 따ㅋ 빠스뚜삘(라)

너는 다른 방법이 없었어.

У тебя́ не́ было друго́го вы́хода.

우 찌뱌 네 블라 드루고바 브하다

네가 얼마나 힘들었는지 나는 알고 있어.

Я зна́ю, как тебе́ бы́ло тру́дно.

야 즈나유. 까ㅋ 찌볘 블라 뜨루드나

비난

어떻게 그런 걸 할 수 있었던 거니?

Как тако́е мо́жно бы́ло сде́лать?

까ㅋ 따꼬예 모즈나 블라 즈젤라찌?

도대체 그렇게 할 수 있는 거야?

Ра́зве так мо́жно?

라즈볘 따ㅋ 모즈나?

도대체 그렇게 행동해도 되니?

Ра́зве мо́жно так себя́ вести́?

라즈볘 모즈나 따ㅋ 시뱌 비스찌?

무슨 짓이니?

Что за дела́?

쉬또 자 질라?

무슨 짓을 한 거니?

Что ты наде́лал(а)?

쉬또 뜨 나젤랄(라)?

부끄럽지도 않아요?

Как ва́м не сты́дно?

까ㅋ 밤 니 스뜨드나?

모든 게 너 때문이야.

Э́то всё из-за тебя́.

에따 프쇼 이자 찌뱌

그런 건 참을 수 없네요.

Тако́е невозмо́жно терпе́ть.
따꼬예 니바즈모즈나 찌르뼤찌

또다시 그런 건 없기로 하자.

Что́бы бо́льше тако́го не́ было.
쉬또브 볼셰 따꼬바 녜 블라

다음번에는 그런 걸 봐주지 않을 거야.

В сле́дующий раз тебе́ э́то так не сойдёт.
프 슬레두쒸 라스 찌볘 에따 따ㅋ 니 사이죠트

처음이자 마지막이다!

В пе́рвый и в после́дний раз!
프 뼤르브이 이 프 빠슬례드니 라스!

어리석은 짓 그만!

Не валя́й дурака́!
니 발랴이 두라까!

너 완전히 미쳤구나!

Ты что совсе́м с ума́ сошёл (сошла́)?

뜨 쉬또 사프셈 스 우미 사숄(사쉴라)?

У тебя́ что не все до́ма?

우 찌뱌 쉬또 니 프세 도마?

Ты что совсе́м спя́тил(а)?

뜨 쉬또 사프셈 스빠찔(라)?

그런 건 하면 안 되는 걸 이해 못 하니?

Ты что не понима́ешь, что так нельзя́?

뜨 쉬또 니 빠니마이쉬, 쉬또 따ㅋ 닐쟈?

Глава 2
사소한 일상에서도!

일어나기

일어나! 벌써 7시야!

Просыпа́йся! Уже́ семь часо́в!

쁘라스빠이샤! 우제 솀 치소ㅍ!

일어나, 안 그러면 늦을 거야!

Встава́й, а то опозда́ешь!

프스따바이, 아 또 아빠즈다이쉬!

좋게 말할 때 일어나!

Встава́й, пока́ по-хоро́шему говорю́!

프스따바이, 빠까 빠하로쉬무 가바류!

5분만 더 잘래요.

Ещё то́лько пять мину́т посплю́.

이쑈 똘까 빠찌 미누ㅌ 빠스플류

126

저는 잠이 덜 깼어요. (저는 졸린 파리와 같아요.)

Я как со́нная му́ха.
야 까ㅋ 소나야 무하

왜 나 안 깨워 줬어?

Почему́ ты меня́ не разбуди́л(а)?
빠치무 뜨 미냐 니 라즈부질(라)?

또 늦잠을 잤네.

Опя́ть проспа́л(проспала́).
아빠찌 쁘라스빨(라)

저는 항상 아침에 일찍 일어나요.

Я всегда́ встаю́ ра́но у́тром.
야 프시그다 프스따유 라나 우트람

저는 새벽에 일어나요. (저는 수탉이 울 때 일어나요.)

Я встаю́ с пе́рвыми петуха́ми.
야 프스따우 스 뻬르브미 삐뚜하미

저는 아침형 인간이에요.

Я у́тренний челове́к.
야 우트리니 칠라볘ㅋ

Я жа́воронок. (저는 종달새족이에요.)
야 자바라나ㅋ

저는 저녁형 인간이에요.

Я вече́рний челове́к.
야 비체르니 칠라볘ㅋ

Я сова́. (저는 올빼미족이에요.)
야 사바

그녀는 항상 일찍 자고 일찍 일어나요.

Она́ всегда́ ра́но ложи́тся и ра́но встаёт.
아나 프시그다 라나 라즈짜 이 라나 프스따요트

저는 아침에 일찍 일어나는 게 힘들어요.

Мне тру́дно встава́ть ра́но у́тром.
므녜 뜨루드나 프스따바찌 라나 우트람

128

씻기

세수해! 바로 잠이 깰 거야.

Умо́йся! Сра́зу проснёшься.
우모이샤! 스라주 쁘라스뇨쉬샤

저는 항상 아침에 머리를 감아요.

Я всегда́ мо́ю го́лову по утра́м.
야 프시그다 모유 골라부 빠 우트람

저는 자기 전 저녁에 머리를 감아요.

Я мо́ю го́лову ве́чером пе́ред
сном.
야 모유 골라부 볘치람 뻬리트 스놈

아침에 저는 일어나서 바로 샤워를 해요.

Утром я встаю́ и сра́зу
принима́ю душ.
우트람 야 프스따유 이 스라주 쁘리니마유 두쉬

오늘 늦게 일어나서 머리 감을 시간이 없었어요.

Сего́дня вста́л(а) по́здно и не успе́л(а) помы́ть го́лову.

시보드냐 프스딸(라) 뽀즈나 이 니
우스뻴(라) 빠므찌 골라부

가서 세수해. 너 눈에 눈곱이 꼈어.

Иди́ умо́йся. У тебя́ на глаза́х козя́вки торча́т.

이지 우모이샤. 우 찌뱌 나 글라자ㅎ 까쟈프끼
따르차ㅌ

식사

저는 항상 아침을 먹어요.

Я всегда́ за́втракаю.

야 프시그다 자프트라까유

저는 절대 아침 식사를 거르지 않아요.

Я никогда́ не пропуска́ю за́втрак.

야 니까그다 니 쁘라뿌스싸유 자프드라ㅋ

저는 아침에 식사할 시간이 없어요.

У меня́ нет вре́мени на еду́ по утра́м.

우 미냐 녜트 브레미니 나 이두 빠 우트람

저는 일 때문에 제시간에 점심을 먹는 게 불가능해요.

Мне невозмо́жно обе́дать во́время, потому́ что у меня́ така́я рабо́та.

므녜 니바즈모즈나 아볘다찌 보브리먀. 빠따무 쉬따 우 미냐 따까야 라보따

그는 음식을 많이 가려요.

Он о́чень привере́длив в еде́.

온 오친 쁘리비례들리ㅍ 브 이제

그만 먹어. 너는 먹기 위해 사니?

Хва́тит есть. Ты живёшь, что́бы есть?

흐바찌ㅌ 예스찌. 뜨 즈뵤쉬. 쉬또브 예스찌?

옷 & 화장

나는 항상 저녁부터 (내일) 입을 옷을 준비해요.

Я всегда́ гото́влю оде́жду с ве́чера.

야 프시그다 가또블류 아졔즈두 스 베치라

오늘은 뭘 입을까요?

Что бы сего́дня наде́ть?

쉬또 브 시보드냐 나졔찌?

오늘 뭘 입을지 모르겠어요.

Я не зна́ю, что сего́дня наде́ть.

야 니 즈냐유. 쉬또 시보드냐 나졔찌

오늘은 추울 거야. 따뜻하게 입어.

Сего́дня бу́дет хо́лодно. Одева́йся потепле́е.

시보드냐 부지트 홀라드나. 아지바이샤 빠찌플례예

거울 그만 봐. 안 그러면 지각할 거야.

Хва́тит верте́ться пе́ред зе́ркалом, а то опозда́ешь.

흐바찌트 비르쩨짜 뼤리드 제르깔람. 아 또 아빠즈따이쉬

저는 가끔 차에서 화장을 하게 돼요.

Мне иногда́ прихо́дится кра́ситься в маши́не.

므녜 이나그다 쁘리호지짜 끄라시짜 브 마쉬녜

그는 항상 아침마다 양말을 찾아요.

Он всегда́ и́щет носки́ по утра́м.

온 프시그다 이쒸트 나스끼 빠 우트람

그녀는 화장하는 데 한 시간이나 걸려요.

Она́ тра́тит це́лый час, что́бы накра́ситься.

아나 뜨라찌트 쩰르이 차ㅅ, 쉬또브 나크라시짜

오늘 급하게 대충 옷을 입고 직장으로 뛰어갔어요.

Сего́дня я наде́л(а) на скоря́к что попа́ло и побежа́л(а) на рабо́ту.

시보드냐 야 나젤(라) 나 스까랴ㅋ 쉬또 빠빨라 이 빠비잘(라) 나 라보뚜

오늘 화장할 시간이 아예 없었어요.

Сего́дня совсе́м не́ было вре́мени накра́ситься.

시보드냐 사브셈 녜 블라 브레미니 나크라시짜

오늘 어제 입었던 옷을 그대로 입었어요.

Сего́дня я наде́л(а) то́ же са́мое, что и вчера́.

시보드냐 야 니젤(라) 또 제 사마예, 쉬또 이 프치라

TV 보기

오늘 TV에서 재미있는 게 뭐가 있니?

Что сего́дня интере́сного по телеви́зору?

쉬또 시보드냐 인찌례스나바 빠 찔리비자루?

저는 아침마다 뉴스를 봐요.

Я ка́ждое у́тро смотрю́ но́вости.

야 까즈다예 우트라 스마트류 노바스찌

채널 그만 돌려.

Хва́тит переключа́ть кана́лы.

흐바찌트 뻬리클류차찌 까날르

내가 리모컨을 어디 놔뒀지?

Куда́ я положи́л(а) пульт?

꾸다 야 빨라즐(라) 뿔트?

영화가 어느 채널에서 할 예정이니?

По како́му кана́лу бу́дет фильм?

빠 까꼬무 까날루 부지트 필림?

소리 좀 줄여.

Сделай потише.

즈젤라이 빠찌셰

소리 크게 틀어 줘.

Сделай погромче.

즈젤라이 빠그롬체

잠자리에 들기

빨리 자!

Быстро спать!

브스트라 스빠찌!

자러 가. 잠자리를 폈어.

Иди спать. Я постелил(а).

이지 스빠찌. 야 빠스찔릴(라)

늦었어. 잠자리에 들 시간이다.

Уже́ по́здно. Пора́ ложи́ться спать.

우제 뽀즈나. 빠라 라즈짜 스빠찌

저는 자러 갈게요.

Я пошёл(пошла́) спать.

야 빠숄(빠쉴라) 스빠찌

드디어 잠자리에 들었어요.

Наконе́ц-то лёг(легла́) спать.

나까녜쯔따 료ㅋ(리글라) 스빠찌

저는 벌써 눈이 감겨요.

У меня́ уже́ закрыва́ются глаза́.

우 미냐 우제 자크르바유짜 글라자

저는 잠이 안 와요.

Я не могу́ засну́ть.

야 니 마구 자스누찌

자기 전에 책 읽어 줘.

Почита́й мне пе́ред сном.
빠치따이 므녜 뻬리ㅌ 스놈

저는 12시 전에 잠자리에 들어요.

**Я ложу́сь спать не поздне́е
двена́дцати часо́в.**
야 라주시 스빠찌 니 빠즈녜예 드비나짜찌 치소ㅍ

그는 항상 TV를 켜 놓은 채로 자요.

**Он всегда́ засыпа́ет с
включённым телеви́зором.**
온 프시그다 자스빠이ㅌ 스 프클류쵸늠 찔리비자람

저는 저녁에 커피를 마시면, 밤에 잠이 안 와요.

**Е́сли я вы́пью ко́фе ве́чером, я
не усну́ но́чью.**
예슬리 야 브삐유 꼬폐 볘치람, 야 니 우스누 노치유

저는 자기 전에 먹는 습관이 있어요.

У меня́ привы́чка перекуси́ть пе́ред сном.

우 미냐 쁘리브츠까 뻬리꾸시찌 뻬리ㅌ 스놈

자기 전에 먹지 마.

Не ешь пе́ред сном.

니 예쉬 뻬리ㅌ 스놈

알람 맞추는 것 잊지 마.

Не забу́дь поста́вить буди́льник.

니 자부찌 빠스따비찌 부질리니ㅋ

잠버릇

그가 밤새도록 코를 골아요.

Он всю ночь храпи́т.

온 프슈 노ㅊ 흐라뻬ㅌ

그녀는 밤에 쌔근거려요.

Она́ сопи́т но́чью.

아나 사삐트 노치유

그는 잘 때 이를 갈아요.

Он скрипи́т зуба́ми во сне.

온 스크리삐트 주바미 바 스녜

저는 가끔 잠꼬대를 해요.

Я иногда́ разгова́риваю во сне.

야 이나그다 라즈가바리바유 바 스녜

저는 자면서 많이 뒤척여요.

Я си́льно воро́чаюсь во сне.

야 실리나 바로치유시 바 스녜

저는 잠자리에 들면 바로 잠이 안 와요.

Я не могу́ усну́ть сра́зу, когда́ ложу́сь спать.

야 니 마구 우스누찌 스라주, 까그다 라주시 스빠찌

저는 옆으로 자는 게 습관이에요.

У меня́ привы́чка спать на боку́.

우 미냐 쁘리브츠까 스빠찌 나 바꾸

숙면

저는 푹 잘 잤어요.

Я хорошо́ вы́спался (вы́спалась).

야 하라쇼 브스빨샤(브스빨라시)

저는 잠을 충분히 못 잤어요.

Я не вы́спался(вы́спалась).

야 니 브스빨샤(브스빨라시)

저는 밤을 새웠어요.

Я не спал(спала́) всю ночь.

야 니 스빨(라) 프슈 노ㅊ

저는 매일 5시간 미만으로 자요.

Я сплю ме́ньше пяти́ часо́в ка́ждый день.

야 스플류 멘셰 삐찌 치소ㅍ 까즈드이 젠

내가 언제쯤 충분히 잘 수 있을까?

Когда́ же я наконе́ц вы́сплюсь?

까그다 제 야 나까녜ㅉ 브스플류시?

낮잠 자지 마. 안 그러면 밤에 못 잘 거야.

Не спи днём, а то но́чью не уснёшь.

니 스삐 드뇸, 아 또 노치유 니 우스뇨쉬

저는 엄청 깊이 잠을 잤어요.

Я спал(спала́) без за́дних ног.

(회화)

야 스빨(라) 베ㅈ 자드니ㅎ 노ㅋ

너는 충분히 자야 해.

Тебе́ ну́жно хороше́нько вы́спаться.

찌볘 누즈나 하라셰니까 브스빠짜

그는 너무 피곤해서 눕자마자 잠들었어요.

Он о́чень уста́л и сра́зу засну́л, как то́лько лёг.

온 오친 우스딸 이 스라주 자스눌. 까ㅋ 똘까 료ㅋ

저는 거실 소파 위에 잠들었어요.

Я усну́л(а) на дива́не в гости́ной.

야 우스눌(라) 나 지바녜 브 가스찌나이

조용히! 애들 깨울라.

Ти́хо! Дете́й разбу́дишь.

찌하! 지쩨이 라즈부지쉬

5분만 쉬려고 누웠는데 잠들었어요.

Я прилёг(прилегла́) на пять
мину́т и засну́л(а).

야 쁘릴료ㅋ(쁘릴리글라) 나 빠찌 미누ㅌ 이
자스눌(라)

밤 내내 모기 한 마리가 날아다녀서 못 자게
했어요.

Всю ночь лета́л кома́р и не
дава́л спать.

프슈 노ㅊ 리딸 까마ㄹ 이 니 다발 스빠찌

꿈

너 무슨 꿈을 꿨니?

Что тебе́ присни́лось?

쉬또 찌볘 쁘리스닐라시?

최근에 저는 거의 꿈을 꾸지 않아요.

В после́днее вре́мя мне ре́дко сня́тся сны.
프 빠슬례드녜예 브례먀 므녜 례트까 스냐짜 스느

저는 오늘 꿈을 꿨어요.

Мне сего́дня присни́лся сон.
므녜 시보드냐 쁘리스닐샤 손

저는 무서운 꿈을 꿨어요.

Мне присни́лся стра́шный сон.
므녜 쁘리스닐샤 스트라쉬느이 손

네가 내 꿈속에 나왔다.

Ты мне присни́лся(присни́лась).
뜨 므녜 쁘리스닐샤(쁘리스닐라시)

저는 많이 피곤하면, 악몽을 꿔요.

Когда́ я си́льно устаю́, мне сня́тся кошма́ры.
까그다 야 실리나 우스따유, 므녜 스냐짜 까쉬마르

저는 러시아어로 꿈을 꾸기 시작했어요.

Мне ста́ли сни́ться сны на ру́сском языке́.

므녜 스딸리 스니짜 스느 나 루스깜 이즈꼐

화장실 사용

여기 화장실 어디 있어요?

Где здесь туалет?

그제 즈제시 뚜알례트?

저는 화장실 가야 해요.

Мне нужно в туалет.

므녜 누즈나 프 뚜알례트

저 화장실 다녀오고 싶어요.

Я хочу сходить в туалет.

야 하추 스하지찌 프 뚜알례트

화장실 다녀올게요.

Я схожу в туалет.

야 스하주 프 뚜알례트

화장실이 사용 중이에요.

Туалет занят.

뚜알례트 자니트

화장실에 누가 있어요.

В туале́те кто́-то есть.
프 뚜알례쩨 끄또따 예스찌

변기가 막혔어요.

Унита́з заби́лся.
우니따ㅅ 자빌샤

물 내리는 게 고장이에요.

Слив не рабо́тает.
슬리ㅍ 니 라보따이ㅌ

화장실 에티켓

사용 후 물을 내리세요.

Смыва́йте за собо́й.
스므바이쩨 자 사보이

Смыва́йте по́сле себя́.
스므바이쩨 뽀슬례 시뱌

변기 물 내리는 것을 잊지 마세요.

Не забу́дьте спусти́ть во́ду.
니 자부쩨 스뿌스찌찌 보두

휴지를 바닥에 버리지 마세요.

Не броса́йте туале́тную бума́гу на́ пол.
니 브라사이쩨 뚜알레트누유 부마구 나 빨

위생 용품을 변기에 버리지 마세요.

Не броса́йте сре́дства ли́чной гигие́ны в унита́з.
니 브라사이쩨 스례쯔트바 리츠나이 기기예느 브 우니따스

이물질을 변기에 버리지 마세요.

Не броса́йте му́сор в унита́з.
니 브라사이쩨 무사ㄹ 브 우니따스

화장실에서 담배 피우지 마세요.

Не кури́те в туале́те.
니 꾸리쩨 프 뚜알례쩨

바닥에 침을 뱉지 마세요.

Не плю́йте на́ пол.

니 쁠류이쩨 나 빨

욕실에서

저는 매일 샤워를 해요.

Я ка́ждый день принима́ю душ.

야 까즈드이 젠 쁘리니마유 두쉬

저는 몸을 욕조에 담그는 것을 좋아해요.

Я люблю́ принима́ть ва́нну.

야 류블류 쁘리니마찌 바누

욕조에 물을 좀 받아 주세요.

Набери́те, пожа́луйста, воды́ в ва́нну.

나비리쩨, 빠잘루스따, 바드 브 바누

욕조가 막혔어요.

Ва́нна засори́лась.

바나 자사릴라시

욕조를 사용 후 머리가락을 치워. 안 그러면
욕조가 막혀.

Убира́й по́сле себя́ во́лосы, а то
ва́нна засори́тся.

우비라이 뽀슬례 시뱌 볼라스, 아 또 바나 자사리짜

저는 목욕탕 가는 것을 좋아해요.

Я люблю́ ходи́ть в ба́ню.

야 류블류 하지찌 브 바뉴

거실에서

우리는 거실이 넓어요.

У нас просто́рная гости́ная.

우 나ㅅ 쁘라스또르나야 가스찌나야

우리는 거실에 발코니가 있어요.

У нас в за́ле балко́н.
우 나ㅅ 브 잘례 발꼰

우리는 거실에 소파와 TV만 있어요.

У нас в гости́ной то́лько дива́н и телеви́зор.
우 나ㅅ 브 가스찌나이 똘까 지반 이 찔리비자ㄹ

저는 거실에 깔 카펫을 사고 싶어요.

Я хочу́ купи́ть ковёр в гости́ную.
야 하추 꾸삐찌 까뵤ㄹ 브 가스찌누유

저녁에는 우리가 거실에 모여 TV를 봐요.

Ве́чером мы собира́емся в гости́ной и смо́трим телеви́зор.
볘치람 므 사비라임샤 브 가스찌나이 이 스모트림 찔리비자ㄹ

부엌에서

우리는 모든 설비가 갖춰진 부엌이 있어요.

У нас по́лностью обору́дованная ку́хня.

우 나ㅅ 뿔르나스찌유 아바루다바나야 꾸흐냐

싱크대 밑에서 물이 새요.

Вода́ под ра́ковиной протека́ет.

바다 빠ㄷ 라까비나이 쁘라찌까이ㅌ

식기는 수납장 안에 있어요.

Посу́да стои́т в шка́фчике.

빠수다 스따이ㅌ 프 쉬까프치꼐

저는 냄비와 프라이팬을 아래쪽 선반에 보관하고 있어요.

Кастрю́ли и сковоро́дки я храню́ на ни́жних по́лках.

까스트률리 이 스까바로트끼 야 흐라뉴 나 니즈니ㅎ 뽈까ㅎ

숟가락과 포크는 서랍 안에 있어요.

Ло́жки и ви́лки лежа́т в выдвижно́м я́щике.

로쉬끼 이 빌끼 리자ㅌ 브 브드비즈놈 야쒸꼐

한국에서 전기 밥솥을 갖다줘.

Привези́ мне кашева́рку из Коре́и.

쁘리비지 므녜 까쉬바르꾸 이스 까례이

부엌이 너무 좁아요. (몸 돌릴 자리가 없어요.)

На ку́хне не́где разверну́ться.

나 꾸흐녜 녜그제 라즈비르누짜

새 부엌 가구를 사야겠어요.

Ну́жно купи́ть но́вый ку́хонный гарниту́р.

누즈나 꾸삐찌 노브이 꾸하느이 가르니뚜ㄹ

오늘 하루 종일 요리했어요.
(오늘 하루 종일 가스레인지 앞에 서 있었어요.)

Я сего́дня весь день простоя́л(а) у плиты́.

야 시보드냐 볘시 졘 쁘라스따얄(라) 우 쁠리드

오늘 하루 종일 볶고 찌고 삶기를 했어요.

Я весь день жа́рил(а), па́рил(а) и вари́л(а).

야 볘시 졘 자릴(라), 빠릴(라) 이 바릴(라)

집에 오자마자, 바로 앞치마를 둘러요.

Как то́лько прихожу́ домо́й, сра́зу надева́ю фа́ртук.

까ㅋ 똘까 쁘리하주 다모이, 스라즈 나지바유
파르뚜ㅋ

냉장고

샐러드를 냉장고에 넣어 줘.

Поста́вь сала́т в холоди́льник.
빠스따피 살라ㅌ 프 할라질리니ㅋ

냉장고에 수프가 있어요.

Суп в холоди́льнике.
수ㅍ 프 할라질리니꼐

생선을 냉장고에서 꺼내 줘.

Вы́тащи ры́бу из холоди́льника.
브따쒸 르부 이스 할라질리니까

고기를 냉동실에 넣어 줘.

Положи́ мя́со в морози́лку.
빨라즈 먀사 브 마라질꾸

냉장고 청소 좀 해야겠어요.

Ну́жно убра́ться в холоди́льнике.
누즈나 우브라짜 프 할라질리니꼐

냉장고에 유통기한 지난 식료품들이 많아요.

В холоди́льнике мно́го просро́ченных проду́ктов.

프 할라질리니꼐 므노가 쁘라스로치느ㅎ 쁘라두크따ㅍ

저는 냉장고가 거의 비어 있어요.

У меня́ холоди́льник почти́ пусто́й.

우 미냐 할라질리니ㅋ 빠츠찌 뿌스또이

요리

저는 저만의 특별 요리법이 있어요.

У меня́ есть свой фи́рменный реце́пт.

우 미냐 예스찌 스보이 피르미느이 리쩨프ㅌ

너는 수프에 소금을 너무 많이 넣었어.

Ты пересоли́л(а) суп.

뜨 뻬리살릴(라) 수ㅍ

샤슬릭 만들려고 고기를 재웠어요.

Я замарина́л(а) мя́со на шашлы́к.
야 자마리나발(라) 먀사 나 샤쉴르ㅋ

저는 닭고기 채소 볶음을 하고 싶어요.

Я хочу́ потуши́ть ку́рицу с овоща́ми.
야 하추 빠뚜쉬찌 꾸리쭈 스 아바샤미

보르시를 끓일 거예요.

Я сварю́ борщ.
야 스바류 보르쒸

보르시 위에 딜을 뿌려 줄까?

Тебе́ посы́пать укро́пом борщ?
찌볘 빠스빠찌 우크로빰 보르쒸?

도시락 라면에 뜨거운 물을 넣어 줄까?

Тебе́ запа́рить дошира́к?
찌볘 자빠리찌 다쉬라ㅋ?

쌀을 씻어 놔.

Помо́й рис.
빠모이 리스

밥을 안쳤어요.

Я поста́вил(а) рис вари́ться.
야 빠스따빌(라) 리스 바리짜

생선을 손질해 놔.

Почи́сти ры́бу.
빠치스찌 르부

후춧가루를 뿌려 줄까?

Тебе́ поперчи́ть?
찌뼤 빠뻬르치찌?

감자 껍질을 벗겨 놔.

Почи́сти карто́шку.
빠치스찌 까르또쉬꾸

감자를 껍질째 쪄 놔야 해요.

Ну́жно свари́ть карто́шку в кожуре́.

누즈나 스바리찌 까르또쉬꾸 프 까주레

식탁에서

상을 차리자.

Дава́й накрыва́ть на стол.

다바이 나크르바찌 나 스똘

모두 식탁으로 불러.

Зови́ всех к столу́.

자비 프세ㅎ 크 스딸루

밥 먹어! (식탁으로 부를 때)

Ку́шать!

꾸샤찌!

맛있게 드세요!

Прия́тного аппети́та!

쁘리야트나바 아뻬찌따!

차린 것 없지만 많이 드세요.

Чем бога́ты, тем и ра́ды.

쳄 바가뜨, 쪰 이 라드

맛있어요!

Вку́сно!

프꾸스나!

Вкусня́тина!

프꾸스냐찌나!

아주 맛있어요!

О́чень вку́сно!

오친 프꾸스나!

저는 다 먹었어요.

Я всё съе́л(а).

야 프쇼 스옐(라)

식사 예절

식사 전에 손을 씻어라.

Вы́мой ру́ки пе́ред едо́й.
브마이 루끼 뻬리드 이도이

입에 음식을 넣은 채 말하지 마라.

Не разгова́ривай с по́лным ртом.
니 라즈가바리바이 스 뽈르늠 르똠

쩝쩝대지 마라.

Не ча́вкай.
니 차프까이

포크로 이를 쑤시지 마라.

Не ковыря́й в зуба́х ви́лкой.
니 까브랴이 브 주바ㅎ 빌까이

식탁에서 이를 쑤시지 마라.

Не ковыря́й в зуба́х за столо́м.
니 까브랴이 브 주바ㅎ 자 스딸롬

나이프(에서 입으)로 음식을 먹지 마라.

Не ешь с ножа́.
니 예쉬 스 나자

식탁에 팔꿈치를 올리지 마라.

Не ставь ло́кти на стол.
니 스따피 로크찌 나 스똘

설거지

식탁을 치우자.

Дава́й убира́ть со стола́.
다바이 우비라찌 사 스딸라

그릇을 싱크대에 넣어 줘.

Поста́вь посу́ду в ра́ковину.
빠스따피 빠수두 브 라까비누

제가 설거지할게요.

Я помо́ю посу́ду.
야 빠모유 빠수두

내가 헹굴게요.

Дава́й я бу́ду спола́скивать.
다바이 야 부두 스빨라스끼바찌

고무장갑을 끼고 해.

Наде́нь рези́новые перча́тки.
나젠 리지나브예 뻬르차트끼

냄비가 잘 안 닦이니 물에 담가 놔.

Замочи́ кастрю́лю, а то не отмо́ется.
자마치 가스트률류, 아 또 니 아트모이짜

프라이팬 씻기 전에 기름기를 없애기 위해 키친타월로 닦아라.

Пе́ред мытьём сковоро́дки протри́ её салфе́ткой, что́бы убра́ть жир.
뻬리드 므찌욤 스까바로트끼 쁘라트리 이요 살페트까이, 쉬또브 우브라찌 즈르

청소

방이 어질러져 있어요.

В ко́мнате беспоря́док.

프 꼼나쩨 비스빠랴다ㅋ

방 치워.

Убери́ ко́мнату.

우비리 꼼나뚜

방 정리해.

Наведи́ поря́док в ко́мнате.

나비지 빠랴다ㅋ 프 꼼나쩨

책상 위를 정리해.

Убери́сь на столе́.

우비리시 나 스딸례

모든 것을 제자리에 갖다 놔.

Поста́вь всё на свои́ места́.

빠스따피 프쇼 나 스바이 미스따

대청소를 해야겠어요.

Ну́жно сде́лать генера́льную убо́рку.
누즈나 즈젤라찌 기니랄리누유 우보르꾸

내가 청소기를 돌릴게.

Я пропылесо́шу пол.
야 쁘라쁠리소슈 뽈

잠자리를 정리해.

Запра́вь посте́ль.
자프라피 빠스쩰

가구에 먼지를 닦아 놔.

Вы́три пыль с ме́бели.
브트리 쁠 스 메빌리

방바닥 걸레질을 해 줘.

Вы́мой пол.
브마이 뽈

저는 대걸레로 방바닥을 닦아요.

Я мо́ю пол шва́брой.
야 모유 뽈 쉬바브라이

저는 창문을 닦아야 해요.

Мне на́до помы́ть о́кна.
므녜 나다 빠므찌 오크나

거울을 닦아 줘.

Протри́ зе́ркало.
쁘라트리 제르깔라

욕실에서 타일을 닦아야 해요.

Ну́жно помы́ть ка́фель в ва́нной.
누즈나 빠므찌 까필 브 바나이

카펫을 닦아야 해요.

Ну́жно почи́стить ковёр.
누즈나 빠치스찌찌 까뵤르

카펫을 두드려서 먼지를 털어야 해요.

Ну́жно вы́бить ковёр.

누즈나 브비찌 까뵤르

위생

밖에 나갔다 오면 손을 씻어라.

Мой ру́ки по́сле у́лицы.

모이 루끼 뽀슬례 울리쯔

비누로 손 씻어라.

Мой ру́ки с мы́лом.

모이 루끼 스 믈람

화장실 사용 후 손 씻어라.

Мой ру́ки по́сле туале́та.

모이 루끼 뽀슬례 뚜알례따

채소나 과일을 씻지 않고 먹지 마라.

Не ешь немы́тые о́вощи и фру́кты.

니 예쉬 니므뜨예 오바쉬 이 프루크뜨

집에서 입는 옷으로 갈아입어라.

Переоде́нься в дома́шнюю оде́жду.

삐리아젠샤 브 다마쉬뉴유 아졔즈두

그는 지나치게 청결해요.

Он сли́шком чистопло́тный.

온 슬리쉬깜 츠스따플로트느이

기침할 때, 입을 가려.

Когда ка́шляешь, прикрыва́й рот.

까그다 까쉴리이쉬, 쁘리크르바이 로트

남의 컵으로 마시지 마라.

Не пей из чужо́го стака́на.

니 뻬이 이스 추조바 스따까나

쓰레기

쓰레기를 버려 줘.

Вы́неси му́сор.
브니시 무사ㄹ

Вы́броси му́сор.
브브라시 무사ㄹ

쓰레기 줘. 버릴게.

Дай му́сор. Я вы́несу.
다이 무사ㄹ. 야 브니수

쓰레기통에서 악취가 나요.

Из му́сорного ведра́ воня́ет.
이즈 무사르나바 비드라 바냐이ㅌ

한국에서는 분리수거를 해야 해요.

В Коре́е ну́жно сортирова́ть му́сор.
프 까례예 누즈나 사르찌라바찌 무사ㄹ

한국에서는 음식물 쓰레기는 일반 쓰레기와 같이 버리면 안 돼요.

В Коре́е нельзя́ выки́дывать пищевы́е отхо́ды вме́сте с сухи́м му́сором.

프 까례예 닐쟈 브끼드바찌 삐쒸브예 아트호드 브메스쩨 스 수힘 무사람

우리가 재활용 플라스틱을 모아 재활용 센터에 갖다 놨어요.

Мы собра́ли пла́стик и сда́ли в пункт приёма.

므 사브랄리 쁠라스찌ㅋ 이 즈달리 프 뿐크ㅌ 쁘리요마

세탁

저는 오늘 빨래할 거예요.

Я сего́дня бу́ду стира́ть.

야 시보드냐 부두 스찌라찌

빨래를 세탁기에 넣어 줘.

Заки́нь бельё в стира́льную маши́нку.
자낀 빌리요 프 스찌랄리누유 마쉰꾸

세탁기를 돌려 줘.

Включи́ стира́льную маши́нку.
프클류치 스찌랄리누유 마쉰꾸

세탁 세제를 세탁기에 넣어 줘.

Засы́пь порошка́ в стира́льную маши́нку.
자스피 빠라쉬까 프 스찌랄리누유 마쉰꾸

빨래를 탈수만 하면 돼요.

Ну́жно то́лько отжа́ть бельё.
누즈나 똘까 아드자찌 빌리요

세탁기에서 빨래를 꺼내 줘.

Вы́тащи бельё из стира́льной маши́нки.
브따쒸 빌리요 이스 스찌랄리나이 마쉰끼

172

티셔츠 위에 얼룩이 잘 안 빠져요.

Пятно́ на футбо́лке не отсти́рывается.
뻬트노 나 푸드볼꼐 니 아쯔찌르바이짜

빨래가 쌓였어요.

Накопи́лась ку́ча белья́.
나까삘라시 꾸차 빌리야

이 옷은 드라이클리닝 맡겨야 해요.

Э́ту вещь ну́жно сдать в химчи́стку.
에뚜 볘쒸 누즈나 즈다찌 프 힘치스트꾸

이 옷은 손빨래만 해야 해요.

Э́ту вещь ну́жно стира́ть то́лько вручну́ю.
에뚜 볘쒸 누즈나 스찌라찌 똘까 브루츠누유

이 옷은 따로 세탁해야 해요.

Эту вещь ну́жно стира́ть отде́льно.
에뚜 베쒸 누즈나 스찌라찌 아젤리나

흰 빨래와 검은 빨래를 같이 세탁하지 마.

Не стира́й све́тлое вме́сте с тёмным.
니 스찌라이 스베틀라예 브몌스쩨 스 쫌늠

빨래한 것을 건조대에 널어 줘.

Пове́сь бельё на суши́лку.
빠볘시 빌리요 나 수쉴꾸

건조대에서 빨래를 걷어 줘.

Сними́ бельё с суши́лки.
스니미 빌리요 스 수쉴끼

집 꾸미기

저는 집수리하고 싶어요.

Я хочу́ сде́лать ремо́нт.
야 하추 즈젤라찌 리몬트

저는 벽지를 발라야 해요.

Мне ну́жно покле́ить обо́и.
므녜 누즈나 빠클레이찌 아보이

저는 벽을 페인트칠하고 싶어요.

Я хочу́ покра́сить сте́ны.
야 하추 빠크라시찌 스쩨느

새 가구를 사자.

Дава́й ку́пим но́вую ме́бель.
다바이 꾸삠 노부유 메빌

못을 박아 줘. 그림을 걸어 놓고 싶어.

Забе́й гвоздь. Я хочу́ пове́сить
карти́ну.
자베이 그보시찌. 야 하추 빠베시찌 까르찌누

새 커튼을 걸어 놓자.

Дава́й пове́сим но́вые што́ры.

다바이 빠볘심 노브예 쉬또르

가구를 재배치하자.

Дава́й сде́лаем перестано́вку ме́бели.

다바이 즈젤라임 뼤리스따노프꾸 메빌리

이웃

저는 우리 아파트 같은 라인에 살고 있는 사람들을 다 알고 있어요.

Я зна́ю всех в на́шем подъе́зде.

야 즈나유 프세ㅎ 브 나셈 빠드예즈졔

우리는 위층에 살고 있는 가족과 친한 사이예요.

Мы дру́жим с семьёй с ве́рхнего этажа́.

므 드루즘 스 시미요이 스 볘르흐니바 에따자

우리 집 이웃이 아주 친절해요.

У нас о́чень приве́тливые
сосе́ди.

우 나ㅅ 오친 쁘리볘틀리브예 사세지

천장에서 물이 떨어져요. 위층 집에 갔다 와야
하겠어요.

С потолка́ ка́пает вода́. Ну́жно
сходи́ть к сосе́дям на ве́рхний
эта́ж.

스 빠딸까 까빠이ㅌ 바다. 누즈나 스하지찌 크
사세쟘 나 볘르흐니이 에따쉬

아래층에서 와서 쿵쿵거리지 말라고 했어요.

Приходи́ли с ни́жнего этажа́ и
сказа́ли не то́пать.

쁘리하질리 스 니즈니바 에따자 이 스까잘리 니
또빠찌

운전

저는 운전면허를 땄어요.

Я получи́л(а) води́тельское удостовере́ние.

야 빨루칠(라) 바지쩰스까예 우다스따비례니예

저는 오늘 운전면허 시험을 봐요.

Я сего́дня сдаю́ экза́мен на води́тельское удостовере́ние.

야 시보드냐 즈다유 에그자민 나 바지쩰스까예
우다스따비례니예

저는 운전면허를 갱신해야 해요.

Мне ну́жно продли́ть води́тельское удостовере́ние.

므녜 누즈나 쁘라들리찌 바지쩰스까예
우다스따비례니예

저는 오늘 운전해요.

Я сего́дня на маши́не.
야 시보드냐 나 마쉬네

저는 장롱 면허예요.
(저는 운전면허가 있는데, 먼지 쌓인 채로 있어요.)

У меня́ есть води́тельские
права́, но они́ пыля́тся.
우 미냐 예스찌 바지쪨스끼예 쁘라바, 노 아니
쁠랴짜

안전띠를 매라.

Пристегни́ ремни́.
쁘리스찌그니 림니

주차

여기 주차장이 어디에 있나요?

Где здесь стоя́нка?
그졔 즈졔시 스따얀까?

여기 어디에 주차할 수 있나요?

Где здесь мо́жно поста́вить маши́ну?

그제 즈졔시 모즈나 빠스따비찌 마쉬누?

차를 주차장에 주차할게요.

Я поста́влю маши́ну на стоя́нку.

야 빠스따블류 마쉬누 나 스따얀꾸

시간당 주차료는 얼마인가요?

Ско́лько сто́ит стоя́нка за оди́н час?

스꼴까 스또이트 스따얀까 자 아진 차ㅅ?

차를 주차장에서 끌고 올게요.

Заберу́ маши́ну со стоя́нки и подъе́ду.

자비류 마쉬누 사 스따얀끼 이 빠드예두

주차 금지.

Стоя́нка запрещена́.

스따얀까 자프리쒸나

여기에 주차하면 안 됩니다.

Здесь нельзя́ ста́вить маши́ну.
즈제시 닐쟈 스따비찌 마쉬누

교통 체증

길에 교통 체증이에요.

На доро́ге зато́р.
나 다로계 자또ㄹ

На доро́ге про́бка. (회화)
나 다로계 쁘로프까

꽉 막힌 길에 갇혔어요.

Я застря́л(а) в про́бке.
야 자스트럌(라) 프 쁘로프꼐

차들이 한자리에 서 있어요.

Маши́ны стоя́т на одно́м ме́сте.
마쉬느 스따야ㅌ 나 아드놈 메스쪠

차들이 움직이지 않아요.

Маши́ны не дви́гаются.

마쉬느 니 드비가유짜

이 시간에 늘 길이 꽉 막혀요.

В э́то вре́мя всегда́ ужа́сные про́бки.

브 에따 브례먀 프시그다 우자스느예 쁘로프끼

버스가 꽉 찼어요.

Авто́бус заби́т битко́м.

아프또부ㅅ 자비ㅌ 비트꼼

교통 규칙 위반

차를 세워 주세요.

Останови́те маши́ну.

아스따나비쩨 마쉬누

운전 면허증을 보여 주세요.

Покажи́те ва́ше води́тельское удостовере́ние.

빠까즈쩨 바셰 바지쩰스까예 우다스따비례니예

속도 위반했습니다.

Вы превы́сили ско́рость.

브 쁘리브실리 스꼬라스찌

정지 신호에서 멈추지 않았습니다.

Вы не останови́лись на кра́сный свет.

브 니 아스따나빌리시 나 끄라스느이 스베트

음주 측정기를 부세요.

Ду́ньте в тру́бку.

둔쩨 프 뜨루프꾸

금지 구역에서 추월했습니다.

Вы соверши́ли обго́н в запрещённом ме́сте.

브 사비르쉴리 아브곤 브 자프리쑈남 메스쩨

183

내 차를 견인차가 가져갔어요.

Мою́ маши́ну забра́л эвакуа́тор.

마유 마쉬누 자브랄 에바꾸아따ㄹ

집 구하기

저는 아파트를 장기간 임대하고 싶어요.

Я хочу́ снять кварти́ру на дли́тельный срок.

야 하추 스냐찌 끄바르찌루 나 들리찔리느이 스로ㅋ

저는 도시 중심가에 가까운 월세 아파트를 찾고 있어요.

Я ищу́ кварти́ру в аре́нду побли́же к це́нтру го́рода.

야 이쓔 끄바르찌루 브 아렌두 빠블리제 크 쩬트루 고라다

언제 아파트를 볼 수 있어요?

Когда́ мо́жно посмотре́ть кварти́ру?

까그다 모즈나 빠스마트례찌 끄바르찌루?

방은 몇 칸을 원하세요?

Сколько комнат вы желаете?

스꼴까 꼼나트 브 즐라이쩨?

저는 방 두 칸짜리 아파트를 원해요.

Я хотел(а) бы двухкомнатную квартиру.

야 하쩰(라) 브 드부흐꼼나트누유 끄바르찌루

저는 가구를 갖춘 아파트를 원해요.

Я хотел(а) бы меблированную квартиру.

야 하쩰(라) 브 미블리로바누유 끄바르찌루

집 조건 보기

기간은 어떻게 아파트를 임대하고 싶습니까?

На какой срок вы хотите снять квартиру?

나 까꼬이 스로크 브 하찌쩨 스냐찌 끄바르찌루?

월세가 얼마인가요?

Сколько сто́ит аре́нда за ме́сяц?
스꼴까 스또이트 아렌다 자 메시쯔?

Какова́ пла́та за оди́н ме́сяц?
까까바 쁠라따 자 아진 메시쯔?

조금 더 싼 아파트가 있나요?

Есть кварти́ры подеше́вле?
예스찌 끄바르찌르 빠지셰블례?

보증금을 내야 하나요?

Ну́жно плати́ть зало́г за аре́нду?
누즈나 쁠라찌찌 잘로ㅋ 자 아렌두?

월세를 어떻게 내나요, 전체 기간 임대료 납부인가요 아니면 매달 내면 되나요?

Как ну́жно опла́чивать аре́нду, за весь срок или поме́сячно?
까ㅋ 누즈나 아플라치바찌 아렌두, 자 볘시 스로ㅋ 일리 빠메시츠나?

집 계약

이 아파트를 임대할 거예요.

Я сниму́ э́ту кварти́ру.
야 스니무 에뚜 끄바르찌루

주거 임대 계약을 맺어야 해요.

Ну́жно подписа́ть догово́р аре́нды жилья́.
누즈나 빠트삐사찌 다가보ㄹ 아렌드 즐리야

아파트 소유권 증명서를 봐도 돼요?

Мо́жно посмотре́ть свиде́тельство о со́бственности?
모즈나 빠스마트레찌 스비졔쩰스트바 아 소프스트비나스찌?

언제 아파트에 이사 오면 돼요?

Когда́ мо́жно въе́хать в кварти́ру?
까그다 모즈나 브예하찌 프 끄바르찌루?

며칠에 월세를 내야 해요?

Како́го числа́ ну́жно опла́чивать аре́нду?
까꼬바 치슬라 누즈나 아플라치바찌 아렌두?

월세는 은행 계좌로 송금하면 돼요.

Перечисля́йте пла́ту за аре́нду на мой ба́нковский счёт.
뻬리치슬랴이쩨 쁠라뚜 자 아렌두 나 모이 반까프스끼 쑈ㅌ

이사 계획

저는 다른 아파트로 이사 가고 싶어요.

Я хочу́ перее́хать на другу́ю кварти́ру.
야 하추 뻬리예하찌 나 드루구유 끄바르찌루

저는 직장에 좀 더 가까이 있는 다른 지역으로 이사 가고 싶어요.

Я хочу́ перее́хать в друго́й райо́н побли́же к рабо́те.

야 하추 뻬리예하찌 브 드루고이 라이온 빠블리제 크 라보쩨

이사 결정하면, 한 달 전에 미리 알려 주세요.

Éсли реши́те переезжа́ть, предупреди́те зара́нее за ме́сяц.

예슬리 리쉬쩨 뻬리이자찌, 쁘리두프리지쩨 자라녜예 자 메시쯔

임대 기간이 아직 만료가 안 됐는데, 아파트에서 이사 가고 싶어요.

Ещё не зако́нчился срок аре́нды, но я хочу́ съе́хать с кварти́ры.

이쑈 니 자꼰칠샤 스로크 아렌드, 노 야 하추 스예하찌 스 끄바르찌르

임대 기간이 만료됐어요. 3개월 후 이사 가도 되나요?

Срок аре́нды зако́нчился. Мо́жно съе́хать че́рез три ме́сяца?

스로크 아렌드 자꼰칠샤. 모즈나 스예하찌 체리스 뜨리 메시짜?

이사 비용

이사 서비스 신청하고 싶은데요.

Я хочу́ сде́лать зая́вку на услу́гу перее́зда.

야 하추 즈젤라찌 자야프꾸 나 우슬루구 삐리예즈다

이사 서비스 얼마예요?

Ско́лько сто́ит услу́га перее́зда?

스꼴까 스또이트 우슬루가 삐리예즈다?

예약금을 내셔야 합니다.

Вы должны́ заплати́ть ава́нс.
브 달즈느 자플라찌찌 아반스

나머지 금액은 이사 후에 내시면 됩니다.

Остальну́ю су́мму упла́тите по́сле перее́зда.
아스딸리누유 수무 우플라찌쩨 뽀슬례 뻬리예즈다

저는 물건을 옮기기 위해 용달차를 예약하고 싶어요.

Я хочу́ заказа́ть маши́ну для перево́зки веще́й.
야 하추 자까자찌 마쉬누 들랴 뻬리보스끼 비쎼이

트럭 빌리는 데 얼마예요?

Ско́лько сто́ит аре́нда грузовика́?
스꼴까 스또이트 아롄다 그루자비까?

짐 싸기

저는 이사 가기 위해 짐을 싸야 해요.

Мне ну́жно собра́ть ве́щи для перее́зда.
므녜 누즈나 사브라찌 베쒸 들랴 뻐리예즈다

저는 짐과 가구를 차로 옮겨야 해요.

Мне ну́жно перевезти́ ве́щи и ме́бель.
므녜 누즈나 뻬리비스찌 베쒸 이 메빌

짐을 쌀 박스가 필요해요.

Мне нужны́ коро́бки сложи́ть ве́щи.
므녜 누즈느 까로프끼 슬라즈찌 베쒸

필요 없는 물건을 가려내야 해요.

На́до перебра́ть нену́жные ве́щи.
나다 뻬리브라찌 니누즈느예 베쒸

짐 싸는 거 도와줄까?

Тебе́ помо́чь упакова́ть ве́щи?

찌베 빠모ㅊ 우빠까바찌 볘쒸?

박스에 책을 넣어 줘.

Сложи́ кни́ги в коро́бку.

슬라즈 끄니기 프 까로프꾸

안에 뭐가 들어가 있는지 박스에 적어 놔.

Напиши́ на коро́бке, что в ней лежи́т.

나삐쉬 나 까로프꼐, 쉬또 브 녜이 리즈ㅌ

짐 정리

짐 푸는 거 도와줄까?

Тебе́ помо́чь распакова́ть ве́щи?

찌베 빠모ㅊ 라스빠까바찌 볘쒸?

옷장에다 옷 넣는 거 도와줘.

Помоги́ разложи́ть ве́щи в шкафу́.

빠마기 라즐라즈찌 베쒸 프 쉬까푸

조심해, 가구가 안 긁히게 해.

Осторо́жно, не поцара́пай ме́бель.

아스따로즈나, 니 빠짜라빠이 메빌

가구를 어떻게 배치하고 싶니?

Как ты хо́чешь расста́вить ме́бель?

까ㅋ 뜨 호치쉬 라스따비찌 메빌?

장롱은 어디에 놔두고 싶니?

Куда́ ты хо́чешь поста́вить шкаф?

꾸다 뜨 호치쉬 빠스따비찌 쉬까ㅍ?

식기를 다 씻어야 해요.

Ну́жно перемы́ть посу́ду.
누즈나 뻬리므찌 빠수두

집들이 오세요.

Приходи́те на новосе́лье.
쁘리하지쩨 나 나바셀리예

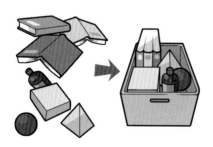

전화 걸기 (일반)

율랴와 통화할 수 있나요?

Мо́жно Юлю к телефо́ну?
모즈나 율류 크 찔리포누?

Мо́жно Юлю?
모즈나 율류?

Мо́жно поговори́ть с Юлей?
모즈나 빠가바리찌 스 율레이?

율랴 좀 바꿔 주세요.

Позови́те, пожа́луйста, Юлю.
빠자비쩨, 빠잘루스따, 율류

Переда́йте, пожа́луйста, тру́бку Юле.
뻬리다이쩨, 빠잘루스따, 뜨루프꾸 율레

늦게 전화드려서 죄송합니다.

Извини́те за по́здний звоно́к.
이즈비니쩨 자 뽀즈니 즈바노ㅋ

넌 지금 통화 괜찮니?

Ты сейча́с мо́жешь говори́ть по телефо́ну?
뜨 시차ㅅ 모즈쉬 가바리찌 빠 찔리포누?

바쁘신데 제가 전화했나요?

Я звоню́ не во́время?
야 즈바뉴 니 보브리먀?

전화하셨어요?

Вы мне звони́ли?
브 므녜 즈바닐리?

전화 걸기 (회사)

새로운 프로젝트 때문에 전화드렸습니다.

Я звоню́ по по́воду но́вого проéкта.
야 즈바뉴 빠 뽀바두 노바바 쁘라에크따

198

채용 공고 보고 전화드렸습니다.

Я звоню́ по по́воду объявле́ния о рабо́те.

야 즈바뉴 빠 뽀바두 아브이블레니야 아 라보쩨

전화해 달라 하셨다고 전달받았습니다.

Мне переда́ли, что́бы я перезвони́л(а).

므녜 뻬리달리, 쉬또브 야 뻬리즈바닐(라)

오늘 회의가 있을 건지 알아보려고 전화드렸습니다.

Я звоню́, что́бы узна́ть, бу́дет ли сего́дня собра́ние.

야 즈바뉴, 쉬또브 우즈나찌, 부지ㅌ 리 시보드냐 사브라니예

언제 통화 편하시겠어요?

Когда́ вам бу́дет удо́бнее, что́бы я перезвони́л(а)?

까그다 밤 부지ㅌ 우도브녜예, 쉬또브 야 뻬리즈바닐(라)?

전화 받기

여보세요! 말씀하세요.

Алло́! Я вас слу́шаю.
알로! 야 바스 슬루샤유

죄송하지만, 누구시죠?

Извини́те, предста́вьтесь, пожа́луйста.
이즈비니쩨, 쁘리쯔따피찌시, 빠잘루스따

죄송하지만, 누구세요?

Извини́те, а кто э́то?
이즈비니쩨, 아 끄또 에따?

네, 전데요.

Да, э́то я.
다, 에따 야

무슨 일 때문이죠?

Вы по како́му по́воду?
브 빠 까꼬무 뽀바두?

200

Вы на счёт чего́?
브 나 쑈트 치보?

제 전화번호 어떻게 아셨어요?

Отку́да вы зна́ете мой но́мер телефо́на?
아트꾸다 브 즈나이쩨 모이 노미ㄹ 찔리포나?

Отку́да у вас мой но́мер телефо́на?
아트꾸다 우 바스 모이 노미ㄹ 찔리포나?

안녕하세요! 'A'사입니다.

До́брое у́тро! Фи́рма «А».
도브라예 우트라! 피르마 '아'

환영합니다. 'A'사입니다.

Вас приве́тствует фи́рма «А».
바스 쁘리베쯔트부이트 피르마 '아'

무엇을 도와드릴까요?

Чем могу́ вам помо́чь?
쳼 마구 밤 빠모츠?

'A'사입니다. 전화해 주셔서 감사드립니다.

Фи́рма «А». Благодари́м вас за звоно́к.

피르마 '아'. 블라가다림 바ㅅ 자 즈바노ㅋ

안녕하세요. 'A'사입니다. 고객관리센터입니다.

Здра́вствуйте. Фи́рма «А». Отде́л по рабо́те с клие́нтами.

즈드라스트부이쪠. 피르마 '아'. 아젤 빠 라보쪠 스 끌리옌따미

안녕하세요. 'A 부동산'입니다.
저는 안드레이라고 합니다.

Здра́вствуйте. Аге́нство недви́жимости «Риелтор А». Меня́ зову́т Андре́й.

즈드라스트부이쪠. 아곈스트바 니드비즈마스찌 '리엘따ㄹ 아'. 미냐 자부ㅌ 안드레이

전화 바꿔 주기

잠시만요.

Мину́ту.
미누뚜

Подожди́те секу́нду.
빠다즈지쩨 시꾼두

어떤 분과 연결해 드릴까요?

С кем вас соедини́ть?
스 껨 바스 사이지니찌?

어떤 분을 바꿔 드릴까요?

Вам кого́ позва́ть к телефо́ну?
밤 까보 빠즈바찌 크 찔리포누?

연결해 드리겠습니다.

Сейча́с я вас соединю́.
시차스 야 바스 사이지뉴

끊지 마세요.

Не вéшайте трýбку.
니 볘샤이쩨 뜨루프꾸

Не кладúте трýбку.
니 끌라지쩨 뜨루프꾸

네 전화야.

Тебя́ прóсят к телефóну.
찌뱌 쁘로샤ㅌ 크 찔리포누

Тебя́ к телефóну.
찌뱌 크 찔리포누

Подойди́ к телефóну.
빠다이지 크 찔리포누

다시 전화한다고 할 때

다시 전화해 드리겠습니다.

Я вам перезвоню́.
야 밤 뻬리즈바뉴

204

다시 전화할게.

Я тебе́ перезвоню́.
야 찌볘 뻬리즈바뉴

언제 다시 전화드리면 될까요?

Когда́ мо́жно вам перезвони́ть?
까그다 모즈나 밤 뻬리즈바니찌?

죄송하지만, 10분 후에 전화드리겠습니다.

Извини́те, я перезвоню́ че́рез де́сять мину́т.
이즈비니쪠, 야 뻬리즈바뉴 체리즈 제시찌 미누ㅌ

30분 후에 다시 전화해 줘.

Перезвони́ мне че́рез полчаса́.
뻬리즈바니 므녜 체리스 뽈치사

지금 운전 중입니다.
1시간 후에 전화드리겠습니다.

Я сейча́с за рулём.
Я перезвоню́ вам че́рез час.
야 시차스 자 룰룜. 야 뻬리즈바뉴 밤 체리스 차스

전화를 못 받을 때

통화 중입니다.

Зáнято.

자니따

마리나가 지금 자리에 없어요.

Марúны сейчáс нет на мéсте.

마리느 시차ㅅ 녜ㅌ 나 메스쩨

안드레이는 잠깐 나갔어요.

Андрéй вы́шел на минýту.

안드레이 브쉴 나 미누뚜

안드레이는 곧 돌아올 거예요.

Андрéй скóро вернётся.

안드레이 스꼬라 비르뇨짜

누가 나를 전화로 찾으면, 내가 없다고 말해 줘.

Éсли мне позвоня́т, скажи́, что меня́ нет.

예슬리 므녜 빠즈바냐ㅌ, 스까즈, 쉬또 미냐 녜ㅌ

전화 받지 마.

Не бери́ тру́бку.
니 비리 뜨루프꾸

죄송하지만, 지금은 점심 시간입니다.
2시 이후에 다시 전화를 해 주세요.

Извини́те, сейча́с обе́денный переры́в. Перезвони́те, пожа́луйста, по́сле двух часо́в.
이즈비니쩨. 시차ㅅ 아볘지느이 뻬리르ㅍ.
뻬리즈바니쩨. 빠잘루스따. 뽀슬레 드부ㅎ 치소ㅍ

통화 상태

잘 안 들려요.

Пло́хо слы́шно.
쁠로하 슬르쉬나

Мне не слы́шно.
므녜 니 슬르쉬나

연결이 안 좋아요.

Связь плоха́я.
스뱌시 쁠라하야

연결이 끊겨요.

Связь прерыва́ется.
스뱌시 쁘리르바이짜

연결이 끊겼어요.

Связь прервала́сь.
스뱌시 쁘리르발라시

너는 잘 들리니?

Тебе́ хорошо́ слы́шно?
찌볘 하라쇼 슬르쉬나?

너는 내 말이 들리니?

Ты меня́ слы́шишь?
뜨 미냐 슬르쉬쉬?

전화기에 소음이 들려요.

У меня́ шум в телефо́не.

우 미냐 슘 프 찔리포녜

전화기 소리가 메아리처럼 들려요.

У меня́ э́хо в телефо́не.

우 미냐 에하 프 찔리포녜

전화 메시지

메시지를 남기셔도 됩니다.

Вы мо́жете оста́вить сообще́ние.

브 모즈쩨 아스따비찌 사아프쎄니예

메시지를 남기시겠어요?

Вы хоти́те оста́вить сообще́ние?

브 하찌쩨 아스따비찌 사아프셰니예?

메시지를 남겨도 될까요?

Мо́жно оста́вить сообще́ние?
모즈나 아스따비찌 사아프쎄니예?

마리나가 전화했다고 전해 주세요.

Переда́йте, пожа́луйста, что звони́ла Мари́на.
삐리다이쩨, 빠잘루스따, 쉬또 즈바닐라 마리나

마리나가 오면, 바로 전화하라고 전해 주세요.

Переда́йте Мари́не, что́бы она́ сра́зу перезвони́ла, как то́лько придёт.
삐리다이쩨 마리녜, 쉬또브 아나 스라주
삐리즈바닐라, 까ㅋ 똘까 쁘리죠ㅌ

제 전화번호를 메모해 주세요.

Запиши́те, пожа́луйста, мой но́мер телефо́на.
자삐쉬쩨, 빠잘루스따, 모이 노미ㄹ 찔리포나

잘못 걸린 전화

전화번호가 틀렸습니다. (자동 안내 멘트)

Непра́вильно на́бран но́мер.
니프라빌리나 나브란 노미르

전화를 잘못 거셨어요.

Вы набра́ли непра́вильный но́мер.
브 나브랄리 니프라빌리느이 노미르

Вы оши́блись но́мером.
브 아쉬블리시 노미람

Вы не по тому́ но́меру.
브 니 빠 따무 노미루

전화번호가 틀렸습니다.

У вас непра́вильный но́мер.
우 바스 니프라빌리느이 노미르

죄송합니다. 전화 잘못 걸었어요.

Извини́те, я оши́бся(оши́блась).
이즈비니쩨. 야 아쉬프샤(아쉬블라시)

Извини́те, я не туда́ попа́л(а).
이즈비니쩨. 야 니 뚜다 빠빨(라)

전화 끊기

전화해 줘서 고마워.

Спаси́бо, что позвони́л(а).
스빠시바. 쉬또 빠즈바닐(라)

나중에 다시 연락하자.

Пото́м созвони́мся ещё.
빠똠 사즈바님샤 이쑈

전화 자주 해.

Звони́ поча́ще.
즈바니 빠차쎼

다음 주에 전화할게.

Я тебе́ позвоню́ на сле́дующей неде́ле.

야 찌볘 빠즈바뉴 나 슬례두쎼이 니젤례

필요할 때 나에게 전화를 해.

Звони́ мне, когда́ тебе́ бу́дет ну́жно.

즈바니 므녜, 까그다 찌볘 부지ㅌ 누즈나

필요한 거 있으면, 바로 전화해.

Е́сли что́-нибудь бу́дет ну́жно, сра́зу звони́.

예슬리 쉬또니부찌 부지ㅌ 누즈나, 스라주 즈바니

알았어. 다음에 다시 전화할게.

Ну ла́дно. Позвоню́ пото́м ещё раз.

누 라드나. 빠즈바뉴 빠똠 이쑈 라스

전화 기타

전화 좀 받아 줘.

Возьми́, пожа́луйста, телефо́н.
바지미. 빠잘루스따. 찔리폰

내가 전화 받을게.

Я возьму́ телефо́н.
야 바지무 찔리폰

제 전화번호가 변경되었어요.

У меня́ измени́лся но́мер телефо́на.
우 미냐 이즈미닐샤 노미ㄹ 찔리포나

신호는 가는데, 그가 전화 안 받아요.

Гудки́ иду́т, но он не отвеча́ет.
구트끼 이두ㅌ, 노 온 니 아트비차이ㅌ

전화기가 진동으로 되어 있었어요. 전화 울리는 걸
못 들었어요.

Телефо́н был на вибра́ции. Я не слы́шал(а) звонка́.

찔리폰 블 나 비브라쯔이. 야 니 슬르샬(라) 즈반까

Глава 3
어디에서든 문제없어!

음식점 추천

\# 저는 배가 출출해졌어요.

Я проголода́лся(проголода́лась).
야 쁘라갈라달샤(쁘라갈라달라시)

\# 저는 간단하게 식사하고 싶어요.

Я хочу́ слегка́ перекуси́ть.
야 하추 슬리흐까 뻬리꾸시찌

\# 이 근처에 괜찮은 레스토랑이 있어요.

Здесь есть побли́зости
норма́льный рестора́н.
즈졔시 예스찌 빠블리자스찌 나르말리느이 리스따란

\# 저는 러시아 음식 레스토랑을 추천하고 싶어요.

Я хочу́ предложи́ть рестора́н
ру́сской ку́хни.
야 하추 쁘리들라즈찌 리스따란 루스까이 꾸흐니

218

조용하고 아늑한 레스토랑을 추천해 줘.

Посове́туй мне како́й-нибудь ти́хий и ую́тный рестора́н.

빠사볘뚜이 므녜 까꼬이니부찌 찌히 이 우유트느이
리스따란

어떤 레스토랑에서 조용하고 아늑한 분위기로 식사할 수 있나요?

В како́м рестора́не мо́жно ти́хо и ую́тно посиде́ть?

프 까꼼 리스따라녜 모즈나 찌하 이 우유트나
빠시졔찌?

음식점 예약

저는 7시에 2인용 테이블을 예약하고 싶은데요.

Я хочу́ заказа́ть сто́лик на двои́х на семь часо́в.

야 하추 자까자찌 스똘리ㅋ 나 드바이ㅎ 나 셈
치소ㅍ

저는 15일에 3인용 테이블을 예약하고 싶은데요.

Я хочу́ заказа́ть сто́лик на трои́х на пятна́дцатое число́.

야 하추 자까자찌 스똘리ㅋ 나 뜨라이ㅎ 나
뻬트나짜따예 치슬로

어떤 분 성함으로 테이블을 예약하셨나요?

На чьё и́мя у вас зака́зан сто́лик?

나 치요 이먀 우 바스 자까잔 스똘리ㅋ?

죄송하지만, 예약을 취소하고 싶은데요.

Извини́те, я бы хоте́л(а) отмени́ть зака́з.

이즈비니쩨. 야 브 하쩰(라) 아트미니찌 자까스

죄송하지만, 예약 시간을 변경하고 싶은데요.

Извини́те, я бы хоте́л(а) измени́ть вре́мя зака́за.

이즈비니쩨. 야 브 하쩰(라) 이즈미니찌 브레먀
자까자

예약 없이 갔을 때

이 테이블이 비어 있나요?

Этот столик свободен?
에따뜨 스똘리ㅋ 스바보진?

들어오세요. 이 테이블이 비어 있어요.

Проходите, этот столик свободен.
쁘라하지쩨, 에따뜨 스똘리ㅋ 스바보진

죄송하지만, 지금은 빈자리가 없습니다.

Извините, у нас сейчас нет свободных мест.
이즈비니쩨, 우 나ㅅ 시차ㅅ 녜ㅌ 스바보드느ㅎ 메스ㅌ

몇 분이시죠?

Сколько вас человек?
스꼴까 바ㅅ 칠라볘ㅋ?

우리는 3명입니다.

Нас тро́е.

나ㅅ 뜨로예

얼마나 기다려야 하나요?

Ско́лько ну́жно ждать?

스꼴까 누즈나 즈다찌?

30분 정도 기다리셔야 합니다. 괜찮으시겠어요?

Ну́жно ждать о́коло тридцати́ мину́т. Вы согла́сны подожда́ть?

누즈나 즈다찌 오깔라 뜨리짜찌 미누ㅌ.
브 사글라스느 빠다즈다찌?

메뉴 보기

메뉴 좀 주세요.

Да́йте, пожа́луйста, меню́.

다이쪠. 빠잘루스따. 미뉴

메뉴 봐도 돼요?

Мо́жно посмотре́ть меню́?

모즈나 빠스마트례찌 미뉴?

전채 요리는 무엇이 있어요?

Что у вас есть из заку́сок?

쉬또 우 바스 예스찌 이즈 자꾸사ㅋ?

수프는 무엇이 있어요?

Каки́е у вас есть супы́?

까끼예 우 바스 예스찌 수쁘?

오늘 스페셜 요리는 무엇이 있나요?

Како́е у вас сего́дня блю́до дня?

까꼬예 우 바스 시보드냐 블류다 드냐?

이곳 특선 요리는 무엇인가요?

Како́е в ва́шем рестора́не фи́рменное блю́до?

까꼬예 브 바솀 리스따라녜 피르미나예 블류다?

어떤 요리를 추천해 주실 수 있나요?

Како́е блю́до вы бы
порекомендова́ли?
까꼬예 블류다 브 브 빠리까민다발리?

Что вы мо́жете посове́товать?
쉬또 브 모즈쩨 빠사볘따바찌?

주문 전

주문하시겠어요?

Вы гото́вы заказа́ть?
브 가또브 자까자찌?

Вы гото́вы сде́лать зака́з?
브 가또브 즈젤라찌 자까스?

Мо́жно приня́ть зака́з?
모즈나 쁘리냐찌 자까스?

무엇을 주문하시겠어요?

Что вы бу́дете зака́зывать?
쉬또 브 부지쩨 자까즈바찌?

224

무엇을 갖다드릴까요?

Что вам принести́?

쉬또 밤 쁘리니스찌?

이 요리는 뭘로 만드는 거죠?

Э́то блю́до из чего́?

에따 블류다 이스 치보?

이것은 생선 요리인가요 아니면 고기로 만드는 건가요?

Э́то из ры́бы или мя́са?

에따 이즈 르브 일리 먀사?

저 테이블에 앉아 있는 분이 먹고 있는 요리는 무엇이죠?

Како́е блю́до у челове́ка за тем сто́ликом?

까꼬예 블류다 우 칠라볘까 자 쩸 스똘리깜?

주문 결정

전 이걸로 주문할게요.

Я бу́ду зака́зывать э́то.
야 부두 자까즈바찌 에따

저는 같은 걸로 주문할 거예요.

Я закажу́ то же са́мое.
야 자까주 또 제 사마예

저는 샐러드, 수프 그리고 생선 요리 아무거나 주문하려고요.

Я закажу́ сала́т, суп и что́-нибудь из ры́бы.
야 자까주 살라트, 수프 이 쉬또니부찌 이즈 르브

또 원하시는 거 있으신가요?

Что ещё вы жела́ете?
쉬또 이쑈 브 즐라이쩨?

디저트는 좀 이따가 주문할게요.

Десе́рт мы зака́жем попо́зже.
지세르트 므 자까짐 빠뽀제

주문을 확인하겠습니다.

Разреши́те прове́рить зака́з.
라즈리쉬쩨 쁘라볘리찌 자까스

주문을 변경해도 되나요?

Мо́жно поменя́ть зака́з?
모즈나 빠미냐찌 자까스?

주문을 취소해도 되나요?

Мо́жно отмени́ть зака́з?
모즈나 아트미니찌 자까스?

주문-코스 요리

전채 요리는 무엇을 원하십니까?

Каки́е заку́ски вы жела́ете?
까끼예 자꾸스끼 브 즐라이쩨?

샐러드는 무엇을 원하십니까?

Что вы хоти́те из сала́тов?
쉬또 브 하찌쩨 이스 살라또ㅍ?

첫 번째 요리는 무엇으로 하십니까?

Что вы бу́дете на пе́рвое?
쉬또 브 부지쩨 나 뻬르바예?

수프를 주문하실 거예요?

Суп брать бу́дете?
수ㅍ 브라찌 부지쩨?

저는 샐러드와 고기 요리를 주문할 거예요.

Я возьму́ сала́т и мясно́е блю́до.
야 바지무 살라ㅌ 이 미스노예 블류다

두 번째 요리는 무엇으로 하십니까?

Что вы бу́дете на второ́е?
쉬또 브 부지쩨 나 프따로예?

쇠고기 커틀릿을 주문할 거예요.

Я возьму́ отбивну́ю из говя́дины.

야 바지무 아드비브누유 이즈 가뱌지느

주문-선택 사항

딜은 빼고 보르시를 주세요.

Да́йте борщ, то́лько без укро́па.

다이쩨 보르쒸. 똘까 볘즈 우크로빠

사이드 메뉴는 무엇으로 하실 거예요?

Како́й гарни́р вы хоти́те?

까꼬이 가르니르 브 하찌쩨?

사이드 메뉴는 무엇이 있어요?

Каки́е гарни́ры у вас есть?

까끼예 가르니르 우 바스 예스찌?

으깬 감자로 하시겠어요 감자튀김으로 하시겠어요?

Вам картóфельное пюрé или картóфель фри?

밤 까르또필리노예 뷰레 일리 까르또필 프리?

따뜻한 요리는 생선이나 고기 요리 중에 무엇으로 하시겠어요?

Что вы хотúте на горя́чее, ры́бное или мяснóе?

쉬또 브 하찌쩨 나 가랴체예, 르브나예 일리 미스노예?

샤슬릭은 돼지고기, 쇠고기 아니면 양고기로 하시겠습니까?

Какóй шашлы́к вы хотúте: из свинú́ны, говя́дины или барá́нины?

까꼬이 샤쉴르크 브 하찌쩨 이스 스비니느, 가뱌지느 일리 바라니느?

230

주문-음료 & 디저트

음료는 무엇으로 하시겠습니까?

Что вы бу́дете пить?
쉬또 브 부지쩨 삐찌?

술은 무엇으로 주문하실 거예요?

Каки́е алкого́льные напи́тки вы бу́дете зака́зывать?
까끼예 알까골리느예 나삐트끼 브 부지쩨
자까즈바찌?

물 갖다주세요.

Принеси́те воды́.
쁘리니시쩨 바드

레드와인 한 병 갖다주세요.

Принеси́те буты́лку кра́сного вина́.
쁘리니시쩨 부뜰꾸 끄라스나바 비나

저는 오렌지 주스로 할 거예요.

Я бу́ду апельси́новый сок.
야 부두 아뻴시나브이 소크

디저트는 무엇으로 하시겠습니까?

Что вы бу́дете на десе́рт?
쉬또 브 부지쩨 나 지세르트?

디저트는 커피와 아이스크림을 갖다주세요.

На десе́рт принеси́те ко́фе и моро́женое.
나 지세르트 쁘리니시쩨 꼬페 이 마로즈나예

주문-요청 사항

소금을 좀 덜 넣어 주세요.

Мне, пожа́луйста, чуть-чуть недосоли́те.
므녜, 빠잘루스따. 추찌추찌 니다살리쩨

후추를 많이 넣지 말고 요리해 주세요.

Мне мно́го не перчи́те.

므녜 므노가 니 뻬르치쩨

맵지 않게 해 주세요.

Мне, пожа́луйста, не си́льно о́стро.

므녜, 빠잘루스따, 니 실리나 오스트라

파는 빼고 주세요.

Мне, пожа́луйста, без лу́ка.

므녜, 빠잘루스따, 볘즈 루까

닭고기에 조금 피가 나요. 좀 더 익혀 주시겠어요?

Ку́рица немно́го крови́т. Мо́жно ещё дожа́рить?

꾸리짜 님노가 끄라비트. 모즈나 이쑈 다자리찌?

빵을 좀 더 갖다주세요.

Принеси́те, пожа́луйста, ещё хле́ба.

쁘리니시쩨, 빠잘루스따, 이쑈 흘례바

웨이터와 대화

포크가 떨어졌어요. 다른 걸로 갖다주세요.

У меня́ упа́ла ви́лка. Принеси́те но́вую.

우 미냐 우빨라 빌까. 쁘리니시쩨 노부유

테이블 냅킨을 하나 더 갖다주세요.

Принеси́те ещё одну́ салфе́тку.

쁘리니시쩨 이쑈 아드누 살폐트꾸

테이블을 좀 닦아 주세요.

Вы́трите, пожа́луйста, стол.

브트리쩨, 빠잘루스따, 스똘

빈 그릇을 좀 치워 주세요.

Унеси́те, пожа́луйста, пусты́е таре́лки.

우니시쩨, 빠잘루스따, 뿌스뜨예 따렐끼

234

이 요리에 곁들이는 소스가 뭐예요?

С каки́м со́усом идёт э́то блю́до?

스 까낌 소우삼 이죠트 에따 블류다?

음식 맛 평가

모든 게 아주 맛있어요. 저는 마음에 들었어요.

Всё о́чень вку́сно.
Мне понра́вилось.

프쇼 오친 프꾸스나. 므녜 빠느라빌라시

이 요리는 제가 먹었던 것 중에 가장 맛있어요.

Э́то са́мое вку́сное блю́до, кото́рое я когда́-нибудь ел(е́ла).

에따 사마예 프꾸스나예 블류다. 까또라예 야 까그다니부찌 옐(라)

음식이 제 입맛에 맞지 않아요.

Еда́ была́ не на мой вкус.

이다 블라 니 나 모이 프꾸스

다시는 이걸 먹지 않을 거예요.

Во второ́й раз не ста́л(а) бы
э́того есть.

바 프따로이 라스 니 스딸(라) 브 에따바 예스찌

제 입맛에는 좀 짜요.

Для меня́ немно́го соленова́то.

들랴 미냐 님노가 살리나바따

무슨 맛인지 잘 모르겠어요.

Не поня́ть, что за вкус.

니 빠냐찌. 쉬또 자 프꾸스

서비스 불만

전 이걸 주문하지 않았어요.

Я э́того не зака́зывал(а).

야 에따바 니 자까즈발(라)

이건 제가 주문한 게 아닌데요.

Э́то не мой зака́з.
에따 니 모이 자까스

Вы принесли́ не тот зака́з.
브 쁘리니슬리 니 또트 자까스

수프에 뭐가 있어요.

У меня́ в су́пе что́-то пла́вает.
우 미냐 프 수뻬 쉬또따 쁠라바이트

와인잔이 더러워요. 깨끗한 걸로 갖다주세요.

**У меня́ гря́зный бока́л.
Принеси́те чи́стый.**
우 미냐 그랴즈느이 바깔. 쁘리니시쩨 치스뜨이

고기가 덜 익었어요.

Мя́со недожа́рено.
마사 니다자리나

여기는 서비스가 안 좋아요.

Здесь плохо́е обслу́живание.
즈제시 쁠라호예 아프슬루즈바니예

237

계산

계산서 갖다주세요.

Принеси́те, пожа́луйста, счёт.
쁘리니시쩨. 빠잘루스따. 쑈트

계산서 주세요.

Да́йте, пожа́луйста, счёт.
다이쩨. 빠잘루스따. 쑈트

각자 계산할 거예요.

Мы бу́дем плати́ть ка́ждый за себя́.
므 부짐 쁠라찌찌 까즈드이 자 시뱌

따로따로 계산할 거예요.

Мы бу́дем плати́ть отде́льно.
므 부짐 쁠라찌찌 아젤리나

제가 살게요.

Сего́дня я угоща́ю.
시보드냐 야 우가쌰유

238

제가 초대했으니까, 제가 살게요.

Сего́дня я пригласи́л(а),
я и заплачу́.

시보드냐 야 브리글라실(라), 야 이 자플라추

오늘은 제가 살 차례예요.

Сего́дня моя́ о́чередь угоща́ть.

시보드냐 마야 오치리찌 우가쌰찌

카페

커피 한잔하러 갑시다.

Дава́й пойдём вы́пьем ко́фе.

다바이 빠이좀 브뻬임 꼬페

카페 가자. 커피 한잔하면서 얘기하자.

Пойдём в кафе́.
Поговори́м и вы́пьем ко́фе.

빠이좀 프 까페. 빠가바림 이 브뻬임 꼬페

제가 커피 살게요.

Я угоща́ю ко́фе.

야 우가쌰유 꼬폐

커피나 차 중에 뭘로 하실래요?

Что вы бу́дете, ко́фе или чай?

쉬또 브 부지쩨, 꼬폐 일리 차이?

커피 두 잔 주세요.

Да́йте две ча́шки ко́фе.

다이쩨 드베 차쉬끼 꼬폐

무슨 커피로 하실래요?

Како́е ко́фе вы хоти́те?

까꼬예 꼬폐 브 하찌쩨?

설탕 넣을까?

Тебе́ с са́харом?

찌볘 스 사하람?

설탕 없이 주세요.

Мне без са́хара.

므녜 베ㅅ 사하라

패스트푸드

저는 가끔 패스트푸드를 먹어요.

Я иногда́ ем фастфу́д.

야 이나그다 엠 파스트푸ㅌ

다음 분 주문하세요.

Сле́дующий, пожа́луйста.

슬례두쒸, 빠잘루스따

치즈버거와 콜라를 주세요.

Мне оди́н чи́збургер и ко́лу.

므녜 아진 치즈부르곌ㄹ 이 꼴루

여기에서 드실 건가요 아니면 포장인가요?

Вам здесь или с собо́й?

밤 즈졔시 일리 스 사보이?

241

포장해 주세요.

Я возьму́ с собо́й.
야 바지무 스 사보이

С собо́й.
스 사보이

감자는 어떤 토핑으로 해드릴까요?

С каки́м наполни́телем вы хоти́те карто́шку?
스 까낌 나빨르니찔렘 브 하찌쩨 까르또쉬꾸?

블린을 주문하자.

Дава́й возьмём бли́нчики.
다바이 바지몸 블린치끼

음식 배달

우리 동네에는 24시간 음식 배달이 있어요.

В на́шем райо́не есть
круглосу́точная доста́вка еды́.

브 나셈 라요녜 예스찌 끄루글라수따츠나야
다스따프까 이드

집으로 피자 시켜 먹자.

Дава́й зака́жем пи́ццу на́ дом.

다바이 자까즘 삐쭈 나 담

피자 배달 전화번호 있어?

У тебя́ есть телефо́н доста́вки
пи́ццы?

우 찌뱌 예스찌 찔리폰 다스따프끼 삐쯔?

배달되는 데 얼마나 걸릴까요?

Че́рез ско́лько вре́мени вы
мо́жете доста́вить зака́з?

체리스 스꼴까 브레미니 브 모즈쪠 다스따비찌
자까스?

얼마예요?

Ско́лько сто́ит?
스꼴까 스또이뜨?

어디로 배달해 드리면 돼요?

На како́й а́дрес ну́жно доста́вить ваш зака́з?
나 까꼬이 아드리스 누즈나 다스따비찌 바쉬 자까스?

쇼핑

쇼핑하러 가자.

Дава́й пойдём за поку́пками.
다바이 빠이죰 자 빠꾸프까미

Дава́й пойдём по магази́нам.
다바이 빠이죰 빠 마가지남

나는 쇼핑하는 것을 좋아해.

Я люблю́ ходи́ть по магази́нам.
야 류블류 하지찌 빠 마가지남

저는 항상 쇼핑 가기 전에 쇼핑 리스트를 작성해요.

Я всегда́ составля́ю спи́сок, пе́ред тем как идти́ в магази́н.
야 프시그다 사스따블랴유 스뻬사ㅋ, 뼤리ㅌ 쪰 까ㅋ 이찌 브 마가진

저는 충동구매를 하는 편이 아니에요.

Я не из импульси́вных покупа́телей.

야 니 이즈 임뿔시브느ㅎ 빠꾸빠찔레이

그녀는 쇼핑하는 데 돈 쓰는 걸 좋아해요.

Она́ лю́бит тра́тить де́ньги на поку́пки.

아나 류비ㅌ 뜨라찌찌 졔니기 나 빠꾸프끼

쇼핑몰

우리 동네에 큰 쇼핑몰이 문을 열었어요.

В на́шем райо́не откры́лся большо́й торго́вый центр.

브 나셈 라요녜 아트크릴샤 발쇼이 따르고브이 쩬트ㄹ

쇼핑몰에서 거의 모든 브랜드를 찾을 수 있어요.

В торго́вом це́нтре мо́жно найти́ почти́ все бре́нды.

프 따르고밤 쩬트례 모즈나 나이찌 빠츠찌 프세 브렌드

쇼핑몰에서 거의 모든 제품을 구입할 수 있어요.

В торго́вом це́нтре мо́жно купи́ть почти́ все това́ры.

프 따르고밤 쩬트례 모즈나 꾸삐찌 빠츠찌 프세 따바르

저는 주말에 쇼핑몰에 가는 걸 좋아해요.

Я люблю́ е́здить в выходны́е в торго́вый центр.

야 류블류 예즈지찌 브 브하드느예 프 따르고브이 쩬트르

쇼핑몰에서 온종일 시간을 보낼 수 있어요.

Мо́жно весь день провести́ в торго́вом це́нтре.

모즈나 볘시 졘 쁘라비스찌 프 따르고밤 쩬트례

대형 마트 & 슈퍼마켓

전자 제품 매장은 어디인가요?

Где продаю́тся электроприбо́ры?
그졔 쁘라다유짜 엘례크트라프리보르?

식료품 매장은 어디인가요?

Где нахо́дится продукто́вый отде́л?
그졔 나호지짜 쁘라두크또브이 아졜?

카트를 가져오자.

Дава́й возьмём теле́жку.
다바이 바지묨 찔례쉬꾸

죄송하지만, 이 제품이 품절되었어요.

Извини́те, э́тот това́р весь про́дан.
이즈비니쩨, 에따트 따바르 볘시 쁘로단

낱개로 구매해도 돼요?

Мо́жно покупа́ть поштучно?
모즈나 빠꾸빠찌 빠쉬뚜츠나?

계산대가 어디에 있는지 알려 주세요.

Подскажи́те, пожа́луйста, где нахо́дится ка́сса?
빠쯔까즈쩨, 빠잘루스따, 그제 나호지짜 까사?

저쪽에는 소시지 시식 코너가 있다.

Там прово́дится дегуста́ция соси́сок.
땀 쁘라보지짜 지구스따쯔야 사시사ㅋ

시장

저는 자주 시장에서 식료품을 구입해요.

Я ча́сто покупа́ю проду́кты на ры́нке.
야 차스따 빠꾸빠유 쁘라두크뜨 나 른꼐

249

오늘은 시장에 사람이 많아요.

Сего́дня на ры́нке мно́го наро́да.

시보드냐 나 른꼐 므노가 나로다

시장에 여러 가지 채소와 과일이 많아요.

На ры́нке мно́го ра́зных овоще́й и фру́ктов.

나 른꼐 므노가 라즈느ㅎ 아바쎼이 이 프루크따ㅍ

저는 시장에서 과일을 구입하는 걸 좋아해요.

Я люблю́ покупа́ть фру́кты на ры́нке.

야 류블류 빠꾸빠찌 프루크프뜨 나 른꼐

자두 1킬로그램에 얼마예요?

Ско́лько сто́ит килогра́мм слив?

스꼴까 스또이ㅌ 낄라그람 슬리ㅍ?

차 타고 시장에 감자 사러 가자.

Пое́хали на ры́нок за карто́шкой.

빠예할리 나 르나ㅋ 자 까르또쉬까이

250

옷 가게

뭘 도와드릴까요?

Чем могу́ вам помо́чь?
쳄 마구 밤 빠모츠?

그냥 좀 둘러보고 싶어요.

Я про́сто хочу́ посмотре́ть.
야 쁘로스따 하추 빠스마트례찌

지금 유행하는 스타일은 어떤 건가요?

Что сейча́с в мо́де?
쉬또 시차스 브 모졔?

좀 입어 봐도 돼요?

Мо́жно приме́рить?
모즈나 쁘리몌리찌?

탈의실이 어디인가요?

Где у вас приме́рочная?
그졔 우 바스 쁘리몌라츠나야?

탈의실은 저쪽에 있어요.

Приме́рочная нахо́дится там.
쁘리메라츠나야 나호지짜 땀

거울은 어디 있나요?

Где у вас зе́ркало?
그제 우 바스 제르깔라?

신상품은 어디에 있어요?

Где у вас ве́щи после́днего заво́за?
그제 우 바스 볘쒸 빠슬례드니바 자보자?

모자 종류 어디서 볼 수 있나요?

Где мо́жно посмотре́ть головны́е убо́ры?
그제 모즈나 빠스마트례찌 갈라브느예 우보르?

운동복을 보려고요.

Я хочу́ посмотре́ть спорти́вную оде́жду.
야 하추 빠스마트례찌 스빠르찌브누유 아졔즈두

252

아동복 코너가 어디에 있나요?

Где нахо́дится отде́л де́тских веще́й?

그제 나호지짜 아젤 제쯔끼ㅎ 비쎼이?

신생아복 코너가 있나요?

У вас есть отде́л оде́жды для новорождённых?

우 바스 예스찌 아젤 아제즈드 들랴
나바라즈죠느ㅎ?

남자아이 외출복이 필요해요.

Нам нужна́ оде́жда на вы́ход для ма́льчика.

남 누즈나 아제즈다 나 브하트 들랴 말치까

여자아이 외출복을 찾고 있어요.

Мы и́щем наря́дную оде́жду для де́вочки.

므 이쎔 나랴드누유 아제즈두 들랴 제바츠끼

옷 구입 조건

사이즈가 어떻게 되세요?

Какой у вас размер?
까꼬이 우 바스 라즈몌르?

같은 옷, 다른 색상으로 있나요?

У вас есть такое же, но только другого цвета?
우 바스 예스찌 따꼬예 제, 노 똘까 드루고바 쯔볘따?

제일 큰 사이즈로 주세요.

Дайте самый большой размер.
다이쩨 사므이 발쇼이 라즈몌르

조금 작은 사이즈의 같은 옷이 필요해요.

Мне нужно такое же, но размером поменьше.
므녜 누즈나 따꼬예 제, 노 라즈몌람 빠몌니셰

이 옷은 많이 비치지 않아요?

**Э́та вещь не си́льно
просве́чивается?**

에따 볘쒸 니 실리나 쁘라스볘치바이짜?

털 칼라가 달린 코트가 있나요?

**У вас есть пальто́ с мехо́вым
воротнико́м?**

우 바스 예스찌 빨또 스 미하븜 바라트니꼼?

저는 후드가 달린 패딩을 원해요.

Я хочу́ пухови́к с капюшо́ном.

야 하추 뿌하비ㅋ 스 까쀼쇼남

환절기 코트가 필요한데요.

**Мне ну́жно демисезо́нное
пальто́.**

므녜 누즈나 지미시조나예 빨또

루즈핏 코트를 찾고 있는데요.

Я ищу́ пальто́ свобо́дного покро́я.

야 이쓔 빨또 스바보드나바 빠크로야

좀 더 긴 점퍼가 있나요?

У вас есть ку́ртка подлинне́е?

우 바스 예스찌 꾸르트까 빠들리네예?

탈부착 후드 점퍼가 필요해요.

Мне нужна́ ку́ртка с отстёгивающимся капюшо́ном.

므녜 누즈나 꾸르트까 스 아쯔죠기바유쒸샤 까뿌쇼남

줄무늬 셔츠를 찾고 있는데요.

Я ищу́ руба́шки в поло́ску.

야 이쓔 루바쉬끼 프 빨로스꾸

체크무늬 옷을 찾고 있는데요.

Я ищу́ что́-нибудь в кле́тку.

야 이쓔 쉬또니부찌 프 끌레트꾸

H라인 스커트가 필요한데요.

Мне нужна́ ю́бка прямо́го покро́я.
므녜 누즈나 유프까 쁘리모바 빠크로야

비슷한 스타일 옷인데, 주머니 있는 걸로 있나요?

У вас есть что́-нибудь похо́жее, но то́лько с карма́нами?
우 바스 예스찌 쉬또니부찌 빠호제예.
노 똘까 스 까르마나미?

기모 티가 필요한데요.

Мне нужна́ ко́фта с начёсом.
므녜 누즈나 꼬프따 스 나쵸삼

따뜻한 안감 바지가 필요한데요.

Мне нужны́ утеплённые брю́ки.
므녜 누즈느 우쩨플료느예 브류끼

257

심플한 단색 원피스를 사고 싶어요.

Я хочу́ просто́е однотó́нное пла́тье.
야 하추 쁘라스또예 아드나또나예 쁠라찌예

트위드 재킷을 사고 싶어요.

Я хочу́ тви́довый жаке́т.
야 하추 뜨비다브이 자꼐트

이것은 면인가요?

Э́то из хло́пка?
에따 이스 흘로프까?

이것은 천연 울인가요?

Э́то из натура́льной шéрсти?
에따 이즈 나뚜랄리나이 셰르스찌?

청바지가 어디 있나요?

Где у вас джи́нсы?
그제 우 바스 즌스?

모피 모자를 사고 싶어요.

Я хочу́ купи́ть мехову́ю ша́пку.
야 하추 꾸삐찌 미하부유 샤프꾸

겨울 패딩이 필요한데요.

Мне ну́жен зи́мний пухови́к.
므녜 누즌 짐니 뿌하비ㅋ

후드가 딸린 무스탕 코트를 찾는데요.

Я ищу́ дублёнку с капюшо́ном.
야 이쓔 두블룐꾸 스 까뷰쇼남

옷 구입 결정

당신에게 잘 어울려요.

Вам о́чень идёт.
밤 오친 이죠ㅌ

이것은 당신의 사이즈입니다.

Э́то ваш разме́р.
에따 바쉬 라즈몌ㄹ

이게 바로 내가 원했던 거야.

Э́то то, что я хоте́л(а).

에따 도. 쉬또 야 하쪨(라)

어떤 스타일을 고를지 모르겠어요.

Я не зна́ю, како́й фасо́н вы́брать.

야 니 즈나우. 까꼬이 파손 브브라찌

이걸로 할게요.

Я возьму́ э́то.

야 바지무 에따

조금 더 둘러보자.

Дава́й ещё немно́го похо́дим.

다바이 이쑈 님노가 빠호짐

이것은 제 스타일이 아니에요.

Э́то не мой стиль.

에따 니 모이 스찔

이것은 저한테 너무 비싸요.

Это сли́шком до́рого для меня́.

에따 슬리쉬깜 도라가 들랴 미냐

할인 기간

여름에 세일할 겁니다.

Ле́том бу́дет распрода́жа.

레땀 부지ㅌ 라스프라다자

겨울 세일을 곧 할 겁니다.

Ско́ро зи́мняя распрода́жа.

스꼬라 짐냐야 라스프라다자

저는 이 옷을 절반 가격으로 구입했어요.

Я купи́л(а) э́ту вещь за полцены́.

야 꾸삘(라) 에뚜 베쒸 자 뽈쯔느

오늘은 가게에 세일을 해요.

Сего́дня в магази́не ски́дки.
시보드냐 브 마가지녜 스끼트끼

세일 기간 중 구입한 물건들은 반품이 안됩니다.

Ве́щи, ку́пленные со ски́дкой, возвра́ту не подлежа́т.
베쒸, 꾸플린느예 사 스끼트까이, 바즈브라뚜 니 빠들리자트

이 옷은 할인 가격이 얼마예요?

Ско́лько сто́ит э́та вещь со ски́дкой?
스꼴까 스또이트 에따 베쒸 사 스끼트까이?

세일할 때까지 기다릴 거예요.

Подожду́ до распрода́жи.
빠다즈두 다 라스프라다즈

할인 품목 & 할인율

모든 품목은 20% 할인입니다.

Два́дцать проце́нтов ски́дки на все това́ры.

드바짜찌 쁘라쩬따ㅍ 스끼트끼 나 프세 따바르

이 상품은 할인이 안 됩니다.

На э́тот това́р нет ски́дки.

나 에따ㅌ 따바ㄹ 녜ㅌ 스끼트끼

할인 없이 정가가 얼마예요?

Какова́ нача́льная цена́ без ски́дки?

까까바 나찰리나야 쯔나 볘ㅅ 스끼트끼?

오늘은 1+1 행사를 해요.

Сего́дня промоа́кция 1+1(оди́н плюс оди́н).

시보드냐 쁘로마아크쯔야 아진 쁠류ㅅ 아진

두 개를 구입하시면 한 개를 무료로 받으실 수 있습니다.

Éсли вы ку́пите две шту́ки, то получа́ете ещё одну́ беспла́тно.

예슬리 브 꾸삐쩨 드베 쉬뚜끼, 또 빨루차이쩨 이쑈 아드누 비스플라트나

오늘은 어떤 상품들이 할인이 돼요?

На каки́е това́ры сего́дня ски́дки?

나 까끼예 따바르 시보드냐 스끼트끼?

할부 구매

3개월 할부가 가능합니까?

Мо́жно купи́ть в рассро́чку на три ме́сяца?

모즈나 꾸삐찌 브 라스로츠꾸 나 뜨리 몌시짜?

할부 몇 개월로 하실 거예요?

На ско́лько ме́сяцев вы хоти́те взять рассро́чку?

나 스꼴까 메시쩨프 브 하찌쩨 브쟈찌 라스로츠꾸?

일시불로 하실 거예요 할부로 하실 거예요?

Вы бу́дете плати́ть всю су́мму сра́зу или поме́сячно?

브 부지쩨 쁠라찌찌 프슈 수무 스라주 일리 빠메시츠나?

일시불로 하겠어요.

Я заплачу́ всю су́мму сра́зу.

야 자플라추 프슈 수무 스라주

저희 가게에서 모든 물품은 무이자 할부가 됩니다.

У нас беспроце́нтная рассро́чка на все това́ры.

우 나ㅅ 비스프라쩬트나야 라스로츠까 나 프세 따바르

저는 자동차를 할부로 구입하고 싶어요.

Я хочу́ купи́ть маши́ну в рассро́чку.

야 하추 꾸뻬찌 마쉬누 브 라스로츠꾸

환불 & 교환

저는 환불하고 싶습니다.

Я хочу́ верну́ть де́ньги за э́ту вещь.

야 하추 비르누찌 졔니기 자 에뚜 볘쒸

반품 가능 기간은 며칠까지입니까?

До како́го числа́ мо́жно возврати́ть вещь?

다 까꼬바 치슬라 모즈나 바즈브라찌찌 볘쒸?

불량품입니다. 다른 걸로 교환 가능할까요?

У меня́ брако́ванный това́р. Мо́жно поменя́ть на друго́й?

우 미냐 브라꼬반느이 따바ㄹ. 모즈나 빠미냐찌 나 드루고이?

영수증 없이 교환 불가능합니다.

Без че́ка това́р обме́ну не подлежи́т.

볘스 체까 따바ㄹ 아브메누 니 빠들리즈ㅌ

구입일로부터 일주일 간 반품이 가능합니다.

Возвра́т това́ра возмо́жен в тече́ние одно́й неде́ли со дня приобрете́ния.

바즈브라ㅌ 따바라 바즈모즌 프 찌체니예 아드노이 니젤리 사 드냐 쁘리아브리쩨니야

계산하기

얼마예요?

Ско́лько сто́ит?
스꼴까 스또이뜨?

Ско́лько с меня́?
스꼴까 스 미냐?

전부 얼마예요?

Ско́лько за всё?
스꼴까 자 프쇼?

현금으로 하시겠어요 카드로 하시겠어요?

Вы нали́чными или ка́ртой?
브 날리츠느미 일리 까르따이?

어떻게 지불하실 겁니까?

Как вы бу́дете плати́ть?
까ㅋ 브 부지쩨 쁠라찌찌?

현금으로 하겠어요.

Я бу́ду нали́чными.

야 부두 날리츠느미

잔돈이 있어요?

У вас есть ме́лочь?

우 바스 예스찌 멜라츠?

여기 거스름돈입니다.

Вот ва́ша сда́ча.

보트 바샤 즈다차

여기 영수증과 거스름돈입니다.

Вот чек и сда́ча.

보트 체크 이 즈다차

병원 예약 & 수속

접수 창구는 어디인가요?

Где нахо́дится регистрату́ра?
그제 나호지짜 리기스트라뚜라?

진료 예약을 하고 싶습니다.

Я хочу́ записа́ться на приём к врачу́.
야 하추 자삐사짜 나 쁘리욤 크 브라추

오늘 진료 예약은 다 끝났습니다.

Сего́дня тало́нов к врачу́ нет.
시보드냐 딸로나ㅍ 크 브라추 녜ㅌ

내일로 진료 예약 가능합니까?

Мо́жно взять тало́н к врачу́ на за́втра?
모즈나 브쟈찌 딸론 크 브라추 나 자프트라?

저희 병원은 처음이신가요?

Вы пе́рвый раз в на́шей больни́це?

브 뻬르브이 라ㅅ 브 나셰이 발리니쩨?

의료 보험은 가입되어 있습니까?

У вас есть медици́нская страхо́вка?

우 바ㅅ 예스찌 미지쯘스까야 스트라호프까?

진찰실

어디가 불편하십니까?

На что вы жа́луетесь?

나 쉬또 브 잘루이찌시?

어디가 아프십니까?

Что у вас боли́т?

쉬또 우 바ㅅ 발리ㅌ?

Что с ва́ми?

쉬또 스 바미?

271

당신은 증상이 어떻습니까?

Какие у вас симптомы?

까끼예 우 바스 심프또므?

언제부터 아프셨어요?

Когда вы заболели?

까그다 브 자발렐리?

체온을 재겠습니다.

Давайте измерим температуру.

다바이쩨 이즈메림 찜뻬라뚜루

상의를 벗어 주세요.

Разденьтесь до пояса.

라즈졔니찌시 다 뽀이사

청진기로 진찰하겠습니다.

Давайте вас послушаем.

다바이쩨 바스 빠슬루샤임

272

숨을 깊이 들이쉬세요.

Дыши́те глу́бже.

드쉬쩨 글루브제

외과

저는 손이 부었어요.

У меня́ опу́хла рука́.

우 미냐 아뿌흘라 루까

저는 팔이 부러졌어요.

Я слома́л(а) ру́ку.

야 슬라말(라) 루꾸

저는 발을 삐었어요.

Я подверну́л(а) но́гу.

야 빠드비르눌(라) 노구

저는 다리 인대를 다쳤어요.

Я растяну́л(а) но́гу.

야 라스찌눌(라) 노구

저는 넘어져서 무릎이 까졌어요.

Я упа́л(а) и разби́л(а) коле́но.
야 우빨(라) 이 라즈빌(라) 깔례나

저는 허리가 아파요.

У меня́ боли́т спина́.
우 미냐 발리ㅌ 스뻬나

저는 왼쪽 발로 땅을 밟으면 아파요.

Мне бо́льно наступа́ть на ле́вую но́гу.
므녜 볼리나 나스뚜빠찌 나 례부유 노구

내과-감기

저는 감기에 걸렸어요.

У меня́ просту́да.
우 미냐 쁘라스뚜다

Я простуди́лся(простуди́лась).
야 쁘라스뚜질샤(쁘라스뚜질라시)

저는 코가 막혔어요.

У меня́ зало́жен нос.
우 미냐 잘로즌 노ㅅ

저는 코감기에 걸렸어요.

У меня́ на́сморк.
우 미냐 나스마르ㅋ

저는 침을 삼킬 때마다 목이 아파요.

Мне бо́льно глота́ть.
므녜 볼리나 글라따찌

저는 목이 아파요.

У меня́ боли́т го́рло.
우 미냐 발리ㅌ 고를라

저는 가래 기침이 나요.

У меня́ мо́крый ка́шель.
우 미냐 모크르이 까쉴

275

저는 열이 나고 머리가 아파요.

У меня́ температу́ра и боли́т голова́.

우 미냐 찜뼤라뚜라 이 발리ㅌ 갈라바

내과-열

저는 고열이 있어요.

У меня́ высо́кая температу́ра.

우 미냐 브소까야 찜뼤라뚜라

열이 떨어지지 않아요.

Температу́ра не спада́ет.

찜뼤라뚜라 니 스빠다이ㅌ

저는 발열이 있어요.

У меня́ жар.

우 미냐 자ㄹ

저는 오한이 나요.

Меня́ зноби́т.
미냐 즈나빝

Меня́ моро́зит.
미냐 마로짙

밤에 39도까지 체온이 올라갔어요.

Но́чью температу́ра поднима́лась до тридцати́ девяти́ гра́дусов.
노치유 찜뻬라뚜라 빠드니말라시 다 뜨리짜찌 지비찌 그라두사ᄑ

저는 식은땀이 나요.

У меня́ холо́дный пот.
우 미냐 할로드느이 뽙

내과-소화기

저는 배가 아파요.

У меня́ боли́т живо́т.

우 미냐 발리트 즈보트

저는 배가 콕콕 쑤시듯 아파요.

У меня́ ре́зкая боль в животе́.

우 미냐 레스까야 볼 브 즈바쩨

У меня́ ко́лики в животе́.

우 미냐 꼴리끼 브 즈바쩨

저는 배에 자주 가스가 차서 불룩해져요.

У меня́ ча́сто вздува́ет живо́т
от га́зов.

우 미냐 차스따 브즈두바이트 즈보트 아트 가자프

У меня́ ча́сто пу́чит живо́т.

우 미냐 차스따 뿌치트 즈보트

저는 배가 부글부글해요.

У меня́ кру́тит живо́т.

우 미냐 끄루찌ㅌ 즈보ㅌ

저는 설사를 해요.

У меня́ диаре́я.

우 미냐 지아례야

У меня́ поно́с.

우 미냐 빠노ㅅ

저는 트림이 자주 나요.

У меня́ ча́стые отры́жки.

우 미냐 차스뜨예 아트르쉬끼

저는 구토 증상이 있어요.

Меня́ тошни́т.

미냐 따쉬니ㅌ

저는 오늘 아침에 토했어요.

Меня́ вы́рвало сего́дня у́тром.

미냐 브르발라 시보드냐 우트람

저는 식중독에 걸린 것 같아요.

Мне ка́жется, я отрави́лся (отрави́лась).

므네 까즈짜, 야 아트라빌샤(아트라빌라시)

당신은 식중독에 걸리셨습니다.

У вас отравле́ние.

우 바스 아트라블레니예

저는 변비가 있어요.

У меня́ запо́р.

우 미냐 자뽀르

저는 벌써 일주일이나 화장실에 못 갔어요.

Я уже́ неде́лю не ходи́л(а) в туале́т.

야 우제 니곌류 니 하질(라) 프 뚜알례트

치과-치통

저는 이가 아파요.

У меня́ боли́т зуб.

우 미냐 발리ㅌ 주ㅍ

저는 이가 쿡쿡 쑤셔요.

У меня́ ре́зкая боль в зу́бе.

우 미냐 레스까야 볼 브 주볘

저는 어금니가 아파요.

У меня́ боли́т коренно́й зуб.

우 미냐 발리ㅌ 까리노이 주ㅍ

저는 이쪽 이로 씹으면 아파요.

Мне бо́льно жева́ть на э́тот зуб.

므녜 볼리나 즈바찌 나 에따ㅌ 주ㅍ

Когда́ я ем э́той стороно́й, у меня́ боли́т зуб.

까그다 야 옘 에따이 스따라노이, 우 미냐 발리ㅌ 주ㅍ

저는 뜨거운 음식을 먹을 때 이가 아파요.

У меня́ боли́т зуб от горя́чего.
우 미냐 발리트 주프 아트 가랴치바

저는 찬 음식을 먹을 때 이가 시려요.

У меня́ боли́т зуб от холо́дного.
우 미냐 발리트 주프 아트 할로드나바

치과-발치

이쪽 이가 흔들거려요.

Э́тот зуб шата́ется.
에따트 주프 샤따이짜

이쪽 이를 살릴 수 없고, 발치해야 합니다.

Э́тот зуб уже́ не спасти́, его́ ну́жно удали́ть.
에따트 주프 우제 니 스빠스찌. 이보 누즈나
우달리찌

이를 발치하고 싶지 않아요.
될 수 있는 한 치료를 다 해 주세요.

Я не хочу́ удаля́ть зуб.
Сде́лайте всё возмо́жное.

야 니 하추 우달랴찌 주프.
즈젤라이쩨 프쇼 바즈모즈나예

사랑니가 났어요.

У меня́ вы́рос зуб му́дрости.

우 미냐 브라스 주프 무드라스찌

사랑니를 발치하고 싶어요.

Я хочу́ удали́ть зуб му́дрости.

야 하추 우달리찌 주프 무드라스찌

사랑니를 뽑고 싶어요.

Я хочу́ вы́рвать зуб му́дрости.

야 하추 브르바찌 주프 무드라스찌

치과-충치

저는 이가 썩었어요.

У меня́ сгнил зуб.
우 미냐 즈그닐 주ㅍ

저는 썩은 이가 있어요.

У меня́ гнило́й зуб.
우 미냐 그닐로이 주ㅍ

저는 충치가 있어요.

У меня́ ка́риес.
우 미냐 까리이ㅅ

당신은 가벼운 충치가 있습니다.

У вас небольшо́й ка́риес.
우 바ㅅ 니발쇼이 까리이ㅅ

충치를 제거하고 이를 때워야 합니다.

Ну́жно удали́ть ка́риес и поста́вить пло́мбу.
누즈나 우달리찌 까리이ㅅ 이 빠스따비찌 쁠롬부

제 치아에 구멍을 뚫어서 때웠어요.

Мне просверли́ли зуб и поста́вили пло́мбу.

므녜 쁘라스비를릴리 주ㅍ 이 빠스따빌리 쁠롬부

신경 치료를 하셔야 합니다.

Вам ну́жно лечи́ть зубно́й нерв.

밤 누즈나 리치찌 주브노이 녜르ㅍ

치과-기타

저는 이가 부러졌어요.

У меня́ слома́лся зуб.

우 미냐 슬라말샤 주ㅍ

당신은 치아가 금이 갔어요.

У вас тре́щина в зу́бе.

우 바ㅅ 뜨례쒸나 브 주볘

당신은 이 사이에 치석이 있어요.

У вас в промежу́тках зубо́в зубно́й ка́мень.

우 바ㅅ 프 쁘라미주트까ㅎ 주보ㅍ 주브노이 까민

스케일링해 주세요.

Сде́лайте мне чи́стку зубо́в ска́лером.

즈젤라이쩨 므녜 치스꾸 주보ㅍ 스깔리람

저는 치아 옆에 고름 주머니가 있어요.

У меня́ гно́йный мешо́чек о́коло зу́ба.

우 미냐 그노이느이 미쇼치ㅋ 오깔라 주바

당신은 치아를 깎고 크라운을 씌워야 합니다.

Вам ну́жно обточи́ть зуб и поста́вить коро́нку.

밤 누즈나 아프따치찌 주ㅍ 이 빠스따비찌 까론꾸

286

진료 기타

저는 코피가 자꾸 나요.

У меня́ ча́сто идёт кровь из но́са.

우 미냐 차스따 이죠트 끄로피 이즈 노사

저는 머리가 어지러워요.

У меня́ кру́жится голова́.

우 미냐 끄루즈짜 갈라바

저는 뒷목 쪽 머리가 심하게 아파요.

У меня́ си́льно боли́т голова́ в о́бласти ше́и.

우 미냐 실리나 발리트 갈라바 브 오블라스찌 셰이

저는 피부에 발진이 났어요.

У меня́ сыпь на ко́же.

우 미냐 스피 나 꼬제

287

저는 꽃가루 알레르기가 있어요.

У меня́ аллерги́я на цвето́чную пыльцу́.

우 미냐 알리르기야 나 쯔비또츠누유 쁠쭈

저는 몇 달째 생리를 하지 않았어요.

У меня́ не́сколько ме́сяцев не́ было менструа́ции.

우 미냐 녜스깔까 메시쩨ㅍ 녜 블라 민스트루아쯔이

저는 입덧이 있어요.

У меня́ токсико́з.

우 미냐 따크시꼬ㅅ

입원 & 퇴원

저를 입원시키려고 해요. 개인용 물건을 준비해 주세요.

Меня́ хотя́т положи́ть в больни́цу. Пригото́вьте мне ве́щи.

미냐 하쨔ㅌ 빨라즈찌 브 발리니쭈. 쁘리가또피쩨 므녜 베쒸

얼마나 입원해야 합니까?

Ско́лько мне ну́жно бу́дет лежа́ть в больни́це?

스꼴까 므녜 누즈나 부지ㅌ 리자찌 브 발리니쩨?

На ско́лько меня́ кладу́т в больни́цу?

나 스꼴까 미냐 끌라두ㅌ 브 발리니쭈?

언제 퇴원할 수 있어요?

Когда́ меня́ вы́пишут?
까그다 미냐 브삐슈ㅌ?

Когда́ бу́дет вы́писка?
까그다 부지ㅌ 브삐스까?

퇴원 날짜 전에 퇴원할 수 있나요?

Мо́жно вы́писаться из больни́цы досро́чно?
모즈나 브삐사짜 이즈 발리니쯔 다스로츠나?

퇴원 수속을 어디서 해야 합니까?

Куда́ ну́жно обрати́ться для вы́писки из больни́цы?
꾸다 누즈나 아브라찌짜 들랴 브삐스끼 이즈 발리니쯔?

수술

수술받으셔야 합니다.

Вам необходи́мо сде́лать опера́цию.

밤 니아프하지마 즈젤라찌 아삐라쯔유

저는 수술받은 적이 없어요.

Мне ещё никогда́ не де́лали опера́цию.

므네 이쑈 니까그다 니 젤랄리 아삐라쯔유

고름이 차서 손가락이 부었습니다. 절개해야 합니다.

У вас па́лец опу́х от гно́я. Ну́жно де́лать надре́з.

우 바시 빨리쯔 아뿌ㅎ 아트 그노야.
누즈나 젤라찌 나드례시

저는 맹장 (제거) 수술을 받았습니다.

Мне удали́ли аппе́ндикс.

므네 우달릴리 아뻬지크시

상처를 꿰맬 겁니다. 드레싱 처치를 받으러 오세요.

Вам зашью́т ра́ну. Приходи́те на перевя́зку.

밤 자쉬우ㅌ 라누. 쁘리하지쩨 나 삐리뱌스꾸

수술하기 위해서 동의가 필요합니다.

Ну́жно офо́рмить согла́сие на опера́цию.

누즈나 아포르미찌 사글라시예 나 아뻬라쯔유

병원비

나는 유료 병원에 갈 것이다.

Я пойду́ в пла́тную больни́цу.

야 빠이두 프 쁠라트누유 발리니쭈

나는 개인 병원에 갈 것이다.

Я пойду́ в ча́стную больни́цу.

야 빠이두 프 차스누유 발리니쭈

치료비가 얼마예요?

Ско́лько ну́жно заплати́ть за лече́ние?
스꼴까 누즈나 자플라찌찌 자 리체니예?

Ско́лько сто́ит лече́ние?
스꼴까 스또이ㅌ 리체니예?

Ско́лько с меня́ за лече́ние?
스꼴까 스 미냐 자 리체니예?

진단서를 받고 싶어요.

Мне нужна́ медици́нская спра́вка.
므녜 누즈나 미지쯘스까야 스프라프까

응급 상황에서 구급차를 부를 수 있습니다.

В э́кстренной ситуа́ции мо́жно вы́звать ско́рую по́мощь.
브 에크스트리나이 시뚜아쯔이 모즈나 브즈바찌
스꼬루유 뽀마쒸

293

문병

안드레이 보러 문병 갑시다.

Дава́йте пойдём в больни́цу навести́ть Андре́я.

다바이쩨 빠이죰 브 발리니쭈 나비스찌찌 안드례야

이바노프 안드레이 환자 문병 왔어요.

Мы пришли́ к пацие́нту Ивано́ву Андре́ю.

므 쁘리쉴리 크 빠쯔엔뚜 이바노부 안드례유

이바노프 안드레이 환자가 입원한 병실이 이디죠?

Где нахо́дится пала́та с пацие́нтом Ивано́вым Андре́ем?

그제 나호지짜 빨라따 스 빠쯔엔땀 이바노븜 안드례옘?

몸은 좀 어때?

Как ты себя́ чу́вствуешь?

까크 뜨 시뱌 추스트부이쉬?

훨씬 좋아졌어요.

Намно́го лу́чше.

남노가 루츠셰

회복 중이에요.

Я уже́ иду́ на попра́вку.

야 우제 이두 나 빠프라프꾸

언제 퇴원하니?

Когда́ тебя́ выпи́сывают?

까그다 찌뱌 브삐스바유ㅌ?

처방전

처방전을 써 드리겠습니다.

Я вы́пишу вам реце́пт.

야 브삐슈 밤 리쩨프ㅌ

현재 복용하시는 약이 있나요?

Вы принима́ете каки́е-нибудь лека́рства в настоя́щее вре́мя?

브 쁘리니마이쩨 까끼예니부찌 리까르스트바 브 나스따야쎼예 브레먀?

고혈압 약을 복용 중입니다.

Я принима́ю лека́рство от высо́кого давле́ния.

야 쁘리니마유 리까르스트바 아트 브소까바 다블레니야

하루에 3번 식후 복용하세요.

Принима́йте три ра́за в день по́сле еды́.

쁘리니마이쩨 뜨리 라자 브 젠 뽀슬레 이드

3일치 약을 처방해 드렸습니다.

Я вы́писал(а) вам лека́рство на три дня.

야 브삐살(라) 밤 리까르스트바 나 뜨리 드냐

이 약에 부작용이 있나요?

От э́того лека́рства мо́гут быть побо́чные эффе́кты?

아트 에따바 리까르스트바 모구트 브찌 빠보츠느예
에페크뜨'?

약국

기침약을 주세요.

Да́йте лека́рство от ка́шля.

다이쩨 리까르스트바 아트 까쉴랴

코감기 약을 주세요.

Да́йте лека́рство от на́сморка.

다이쩨 리까르스트바 아트 나스마르까

목 통증 약을 주세요.

Да́йте лека́рство от бо́ли в го́рле.

다이쩨 리까르스트바 아트 볼리 브 고를례

비염 스프레이를 주세요.

Да́йте спрей для но́са от на́сморка.

다이쩨 스프레이 들랴 노사 아트 나스마르까

목감기 스프레이를 주세요.

Да́йте спрей для го́рла от просту́ды.

다이쩨 스프레이 들랴 고를라 아트 쁘라스뚜드

해열제를 주세요.

Да́йте лека́рство от температу́ры.

다이쩨 리까르스트바 아트 찜삐라뚜르

Да́йте жаропонижа́ющее сре́дство.

다이쩨 자라빠니자유쎼예 스례쯔트바

소화제 주세요.

Да́йте лека́рство для улучше́ния пищеваре́ния.

다이쩨 리까르스트바 들랴 울루츠셰니야 삐쒸바례니야

Да́йте лека́рство от несваре́ния желу́дка.

다이쩨 리까르스트바 아트 니스바례니야 즐루트까

속쓰림 약 주세요.

Да́йте что́-нибудь от изжо́ги в желу́дке.

다이쩨 쉬또니부찌 아트 이즈조기 브 즐루트꼐

설사약을 주세요. (지사제를 주세요.)

Да́йте лека́рство от диаре́и.

다이쩨 리까르스트바 아트 지아례이

Да́йте лека́рство от поно́са.

다이쩨 리까르스트바 아트 빠노사

변비약을 주세요. (하제약을 주세요.)

Да́йте слаби́тельное сре́дство.
다이쩨 슬라비찔리나예 스레쯔트바

Да́йте лека́рство от запо́ра.
다이쩨 리까르스트바 아트 자뽀라

진통제 있어요?

У вас есть обезбо́ливающее?
우 바스 예스찌 아비즈볼리바유쎼예?

두통약 주세요.

Да́йте, пожа́луйста, лека́рство
от головно́й бо́ли.
다이쩨. 빠잘루스따. 리까르스트바 아트 갈라브노이
볼리

치통 약이 필요해요.

Мне ну́жно лека́рство от зубно́й
бо́ли.
므녜 누즈나 리까르스트바 아트 주브노이 볼리

관절통 연고를 주세요.

Да́йте мазь от бо́лей в суста́вах.

다이쩨 마시 아트 볼례이 프 수스따바ㅎ

상처 치료 연고 주세요.

Мне нужна́ мазь для заживле́ния ран.

므녜 누즈나 마시 들랴 자즈블례니야 란

소독제 주세요.

Мне ну́жен антисе́птик.

므녜 누즌 안찌세프찌ㅋ

붕대와 반창고 주세요.

Да́йте бинт и лейкопла́стырь.

다이쩨 빈ㅌ 이 리까플라스뜨리

은행 계좌

예금 통장을 개설하고 싶은데요.

Я хочу́ откры́ть депози́т.
야 하추 아트크르찌 지빠지ㅌ

저축 예금 통장을 개설하고 싶어요.

Я хочу́ откры́ть вклад под проце́нты.
야 하추 아트크르찌 프클라ㅌ 빠ㅌ 쁘라쩬뜨

직불 카드 발급하고 싶은데요.

Я хочу́ откры́ть дебето́вую ка́рту.
야 하추 아트크르찌 지비또부유 까르뚜

신청서를 작성하세요.

Запо́лните бланк.
자뽈르니쩨 블란ㅋ

여권을 가져오셨습니까?

Вы принесли́ свой загранпа́спорт?

브 쁘리니슬리 스보이 자그란빠스빠르뜨?

공증받은 여권 번역본이 있어야 합니다.

У вас до́лжен быть нотариа́льно заве́ренный перево́д па́спорта.

우 바스 돌즌 브찌 나따리알리나 자볘리느이
뼤리보뜨 빠스빠르따

입국 카드를 보여 주세요.

Покажи́те ва́шу миграцио́нную ка́рту.

빠까즈쪠 바슈 미그라쯔오누유 까르뚜

입출금

현금을 예금하려고 해요.

Я хочу́ положи́ть нали́чные на свой счёт.

야 하추 빨라즈찌 날리츠느예 나 스보이 쑈트

얼마나 예금하시겠습니까?

Ско́лько вы хоти́те положи́ть на счёт?

스꼴까 브 하찌쩨 빨라즈찌 나 쑈트?

달러를 루블로 환전해서 예금하고 싶은데요.

Я хочу́ поменя́ть до́ллары на рубли́ и положи́ть их на свой счёт.

야 하추 빠미냐찌 돌라르 나 루블리 이 빨라즈찌 나 스보이 쑈트

1,000달러를 루블로 환전해서 예금하려 합니다.

Я хочу́ положи́ть на счёт ты́сячу до́лларов в рубля́х.

야 하추 빨라즈찌 나 쑈트 뜨시추 돌라라ㅍ 브 루블랴ㅎ

계좌에서 현금을 찾으려고 합니다.

Я хочу́ снять нали́чные со счёта.

야 하추 스냐찌 날리츠느예 사 쑈따

통장과 여권을 주세요.

Да́йте ва́шу ба́нковскую кни́жку и па́спорт.

다이쩨 바슈 반까프스꾸유 끄니쉬꾸 이 빠스빠르트

ATM 사용

현금 자동 지급기는 어디에 있나요?

Где здесь нахо́дится банкома́т?

그제 즈졔시 나호지짜 반까마트?

자동 지급기에서 송금을 하려고 해요.

Я хочу́ сде́лать перево́д че́рез банкома́т.

야 하추 즈젤라찌 뻬리보ㅌ 체리ㅈ 반까마ㅌ

카드를 넣어 주세요.

Вста́вьте ка́рту в банкома́т.

프스따피쪠 까르뚜 브 반까마ㅌ

비밀번호를 입력하세요.

Введи́те ПИН-ко́д.

비지쩨 삔꼬ㅌ

비밀번호를 잘못 눌렀어요.

Я непра́вильно нажа́л(а) ПИН-ко́д.

야 니프라빌리나 나잘(라) 삔꼬ㅌ

잔액 조회를 하려고 해요.

Я хочу́ прове́рить бала́нс.

야 하추 쁘라베리찌 발란스

환전

환전소는 어디에 있나요?

Где нахо́дится пункт обме́на валю́ты?

그제 나호지짜 뿐크트 아브메나 발류뜨?

환전하고 싶은데요.

Я хочу́ поменя́ть валю́ту.

야 하추 빠미냐찌 발류뚜

달러를 루블로 환전하고 싶어요.

Я хочу́ поменя́ть до́ллары на рубли́.

야 하추 빠미냐찌 돌라르 나 루블리

고액지폐로 주세요.

Да́йте кру́пными купю́рами.

다이쩨 끄루프느미 꾸뿌라미

금액의 반은 1,000루블 지폐 그리고 나머지는 500루블 지폐로 주세요.

Да́йте полови́ну су́ммы тысячерублёвыми, а остальну́ю –пятисотрублёвыми.

다이쩨 빨라비누 수므 뜨시치루블료브미, 아 아스딸리누유 삐찌소트루블료브미

전액 100루블 지폐로 주세요.

Всю су́мму да́йте сторублёвыми купю́рами.

프슈 수무 다이쩨 스또루블료브미 꾸쀼라미

환율

지금 달러 환율이 어떻게 돼요?

Како́й сейча́с курс до́ллара?

까꼬이 시차ㅅ 꾸르ㅅ 돌라라?

1달러가 루블로 얼마입니까?

Сколько рублей сто́ит оди́н до́ллар?

스꼴까 루블레이 스또이ㅌ 아진 돌라ㄹ?

1루블은 원화로 얼마입니까?

Сколько вон сто́ит оди́н рубль?

스꼴까 본 스또이ㅌ 아진 루블?

저는 항상 환율에 관심이 있어요.

Я всегда́ интересу́юсь валю́тным ку́рсом.

야 프시그다 인찌리수유시 발류트늠 꾸르삼

어떤 외화가 가장 안정적일까요?

Кака́я валю́та са́мая стаби́льная?

까까야 발류따 사마야 스따빌리나야?

환율이 다시 변동되었어요.

Курс валю́ты опя́ть поменя́лся.

꾸르ㅅ 발류드 아빠찌 빠미냘샤

환율이 떨어졌어요.

Валю́тный курс упа́л.

발류트느이 꾸르스 우빨

은행 기타

대기표를 뽑고 순서를 기다리세요.

Возьми́те тало́н и жди́те свое́й о́череди.

바지미쩨 딸론 이 즈지쩨 스바예이 오치리지

당신의 순서가 되면, 창구에 가세요.

Когда́ подойдёт ва́ша о́чередь, подойди́те к око́шку.

까그다 빠다이죠트 바샤 오치리찌, 빠다이지쩨 크 아꼬쉬꾸

은행에서 은행원과 말할 때 러시아어로 하셔야 합니다.

В ба́нке вы должны́ говори́ть с рабо́тником по-ру́сски.

브 반꼐 브 달즈느 가바리찌 스 라보트니깜 빠루스끼

서식 용지나 신청서를 러시아어로 작성하셔야 합니다.

Заполня́ть бла́нки или заявле́ния то́же ну́жно по-ру́сски.

자빨르냐찌 블란끼 일리 자이블례니야 또제 누즈나 빠루스끼

자신의 성명을 러시아어로 쓸 줄 알아야 합니다.

Ну́жно знать, как писа́ть своё и́мя ру́сскими бу́квами.

누즈나 즈나찌, 까ㅋ 삐사찌 스바요 이먀 루스끼미 부크바미

편지 발송

\# 해외로 편지를 보내고 싶어요.

Я хочу́ отпра́вить письмо́ за грани́цу.
야 하추 아트프라비찌 삐시모 자 그라니쭈

\# 어떤 나라로 보내려고 하십니까?

В каку́ю страну́ вы хоти́те отпра́вить?
프 까꾸유 스트라누 브 하찌쩨 아트프라비찌?

\# 등기우편으로 편지를 보내고 싶어요.

Я хочу́ отпра́вить заказно́е письмо́.
야 하추 아트프라비찌 자까즈노예 삐시모

\# 빠른우편으로 편지를 보내면 얼마입니까?

Ско́лько сто́ит отпра́вить письмо́ экспре́сс-по́чтой?
스꼴까 스또이트 아트프라비찌 삐시모 에크스프레스뽀츠따이

312

편지가 도착하는 데 시간이 얼마나 걸립니까?

Сколько вре́мени бу́дет идти́ письмо́?

스꼴까 브례미니 부지ㅌ 이찌 삐시모?

편지 봉투는 얼마입니까?

Сколько сто́ит конве́рт?

스꼴까 스또이ㅌ 깐볘르ㅌ?

소포 발송

소포를 보내고 싶어요.

Я хочу́ отпра́вить посы́лку.

야 하추 아트프라비찌 빠슬꾸

보통우편으로 소포를 보내고 싶어요.

Я хочу́ отпра́вить просто́й посы́лкой.

야 하추 아트프라비찌 쁘라스또이 빠슬까이

313

등기우편으로 소포를 보내고 싶어요.

Я хочу́ отпра́вить заказно́й посы́лкой.

야 하추 아트프라비찌 자까즈노이 빠슬까이

소포 무게를 재 보겠습니다.

Дава́йте взве́сим ва́шу посы́лку.

다바이쩨 브즈볘심 바슈 빠슬꾸

저울 위에 소포를 올리세요.

Поста́вьте посы́лку на весы́.

빠스따피쩨 빠슬꾸 나 비스

소포의 내용물 목록을 작성해야 해요.

Ну́жно соста́вить спи́сок содержа́ния посы́лки.

누즈나 사스따비찌 스뼤사ㅋ 사지르자니야 빠슬끼

소포의 내용물은 무엇인가요?

Что нахо́дится в посы́лке?

쉬또 나호지짜 프 빠슬꼐?

항공 우편으로 보내면 얼마입니까?

Ско́лько сто́ит отпра́вить посы́лку самолётом?

스꼴까 스또이ㅌ 아트프라비찌 빠슬꾸 사말료땀?

선박 우편으로 소포를 보내고 싶어요.

Я хочу́ отпра́вить посы́лку мо́рем.

야 하추 아트프라비찌 빠슬꾸 모렘

여기서 소포 포장용 박스를 구입할 수 있나요?

Мо́жно у вас купи́ть упако́вочную коро́бку для посы́лки?

모즈나 우 바스 꾸삐찌 우빠꼬바츠누유 까로프꾸 들랴 빠슬끼?

소포에 깨지기 쉬운 물건이 들어 있어요.

У меня́ хру́пкая посы́лка.

우 미냐 흐루프까야 삐슬까

소포 추적이 가능한가요?

Мо́жно отсле́живать посы́лку?

모즈나 아트슬례즈바찌 빠슬꾸?

착불로 보내도 됩니까?

Мо́жно отпра́вить нало́женным платежо́м?

모즈나 아트프라비찌 날로즈늠 쁠라찌좀?

미용실 상담

미용실에 가고 싶어요.

Я хочу́ пойти́ в парикма́херскую.

야 하추 빠이찌 프 빠리크마히르스꾸유

헤어스타일을 바꾸고 싶어요.

Я хочу́ поменя́ть причёску.

야 하추 빠미냐찌 쁘리쵸스꾸

이 사진에 있는 것처럼 머리를 자르고 싶어요.

Я хочу́ себе́ стри́жку, как на э́той фотогра́фии.

야 하추 시볘 스트리쉬꾸, 까ㅋ 나 에따이
파따그라피이

317

어떤 스타일을 원하세요?

Каку́ю причёску вы жела́ете сде́лать?
까꾸유 쁘리쵸스꾸 브 즐라이쩨 즈젤라찌?

Что вы жела́ете сде́лать?
쉬또 브 즐라이쩨 즈젤라찌?

어떤 걸 추천해 주실 수 있어요?

Что бы вы могли́ мне посове́товать?
쉬또 브 브 마글리 므녜 빠사볘따바찌?

어떤 게 유행이죠?

Что сейча́с мо́дно?
쉬또 시차ᄉ 모드나?

커트

머리를 자르고 싶은데요.

Я хочу́ сде́лать стри́жку.
야 하추 즈젤라찌 스트리쉬꾸

Я хочу́ постри́чь во́лосы.
야 하추 빠스트리츠 볼라스

Я хочу́ постри́чься.
야 하추 빠스트리치샤

어떻게 잘라 드릴까요?

Каку́ю стри́жку вы хоти́те?
까꾸유 스트리쉬꾸 브 하찌쩨?

Как вы хоти́те постри́чься?
까ㅋ 브 하찌쩨 빠스트리치샤?

머리끝을 약간만 다듬어 주세요.

Я хочу́ подстри́чь ко́нчики
воло́с.
야 하추 빠쯔트리츠 꼰치끼 발로ㅅ

Я хочу́ подравня́ть ко́нчики.
야 하추 빠드라브냐찌 꼰치끼

짧게 자르고 싶어요.

Я хочу́ коро́ткую стри́жку.
야 하추 까로트꾸유 스트리쉬꾸

어깨에 닿을 정도 길이로 해 주세요.

Подстриги́те, пожа́луйста, до плеч.

빠쯔트리기쩨, 빠잘루스따, 다 쁠레츠

어떤 커트가 제게 어울릴 것 같아요?

Как вы ду́маете, кака́я стри́жка мне подойдёт?

까ㅋ 브 두마이쩨, 까까야 스트리쉬까 므녜
빠다이죠ㅌ?

단발머리를 하고 싶어요.

Я хочу́ стри́жку каре́.

야 하추 스트리쉬꾸 까레

보브컷을 하고 싶어요.

Я хочу́ стри́жку боб.

야 하추 스트리쉬꾸 보ㅍ

관리하기 쉬운 커트를 하고 싶어요.

Я хочу́ стри́жку, за кото́рой легко́ уха́живать.
야 하추 스트리쉬꾸, 자 까또라이 리흐꼬 우하즈바찌

스포츠형 커트를 하고 싶어요.

Я хочу́ спорти́вную стри́жку.
야 하추 스빠르찌브누유 스트리쉬꾸

앞머리를 내고 싶어요.

Я хочу́ сде́лать чёлку.
야 하추 즈젤라찌 춀꾸

머리숱을 쳐 주세요.

Сде́лайте мне филиро́вку.
즈젤라이쩨 므녜 필리로프꾸

파마

파마를 하고 싶어요.

Я хочу́ сде́лать хими́ческую зави́вку.
야 하추 즈젤라찌 히미치스꾸유 자비프꾸

Я хочу́ сде́лать хи́мию.
야 하추 즈젤라찌 히미유

어떤 파마를 원하세요?

Каку́ю хими́ческую зави́вку вы хоти́те?
까꾸유 히미치스꾸유 자비프꾸 브 하찌쩨?

굵은 웨이브로 파마를 하고 싶어요.

Я хочу́ хими́ческую зави́вку кру́пными ло́конами.
야 하추 히미치스꾸유 자비프꾸 끄루프느미 로까나미

자연스러운 웨이브를 하고 싶어요.

Я хочу́, что́бы бы́ло есте́ственными во́лнами.

야 하추, 쉬또브 블라 이스쩨스트비느미 볼르나미

보글보글한 파마를 하고 싶어요.

Я хочу́ ме́лкую хими́ческую зави́вку.

야 하추 멜꾸유 히미치스꾸유 자비프꾸

스트레이트 파마로 머리를 펴 주세요.

Сде́лайте мне хими́ческое выпрямле́ние.

즈젤라이쩨 므녜 히미치스까예 브프리믈레니예

염색

머리를 염색하고 싶어요.

Я хочу́ покра́сить во́лосы.

야 하추 빠크라시찌 볼라스

Я хочу́ покра́ситься.

야 하추 빠크라시짜

뿌리 염색해야 하는데요.

Мне ну́жно подкра́сить во́лосы
у корне́й.

므녜 누즈나 빠트크라시찌 볼라스 우 까르녜이

어떤 색으로 원하세요?

В како́й цвет вы хоти́те
покра́ситься?

프 까꼬이 쯔볘트 브 하찌쩨 빠크라시짜?

324

어두운 색으로 염색하고 싶어요.

Я хочу́ перекра́ситься в тёмный цвет.

야 하추 뻬리크라시짜 프 쫌느이 쯔베트

금발로 염색하고 싶어요.

Я хочу́ покра́сить во́лосы в блонд.

야 하추 빠크라시찌 볼라스 브 블론트

새치 염색을 하고 싶어요.

Я хочу́ закра́сить седину́.

야 하추 자크라시찌 시지누

머리를 탈색하고 싶어요.

Я хочу́ обесцве́тить во́лосы.

야 하추 아비스쯔베찌찌 볼라스

네일

매니큐어하고 싶어요.

Я хочу́ сде́лать маникю́р.
야 하추 즈젤라찌 마니뀨ㄹ

손톱 기초 케어만 받고 싶어요.

Я хочу́ то́лько получи́ть ухо́д за ногтя́ми.
야 하추 똘까 빨루치찌 우호ㅌ 자 나크쨔미

저는 매니큐어와 페디큐어를 샵에서 자주 해요.

Я ча́сто де́лаю маникю́р и педикю́р в сало́не.
야 차스따 젤라유 마니뀨ㄹ 이 삐지뀨ㄹ 프 살로녜

어떤 색 매니큐어를 발라 드릴까요?

Каки́м ла́ком вам накра́сить но́гти?
까낌 라깜 밤 나크라시찌 노크찌?

326

Како́й лак вам нанести́?

까꼬이 라ㅋ 밤 나니스찌?

투명 매니큐어를 하고 싶어요.

Я хочу́ маникю́р с бесцве́тным
покры́тием.

야 하추 마니뀨ㄹ 스 비스쯔볘트늠 빠크르찌옘

매니큐어에 무늬를 해 주세요.

Сде́лайте мне маникю́р с
рису́нком.

즈젤라이쩨 므녜 마니뀨ㄹ 스 리순깜

미용실 기타

머리숱이 무척 많으세요.

У вас о́чень густы́е во́лосы.

우 바ㅅ 오친 구스뜨예 볼라스

가르마를 어느 쪽으로 타세요?

Где у вас пробо́р?
그졔 우 바스 쁘라보르?

머리 말리기만 해 주세요.

Про́сто вы́сушите мне во́лосы.
쁘로스따 브수쉬쩨 므녜 볼라스

드라이어로 머리를 세팅해 주세요.

Уложи́те мне во́лосы фе́ном.
울라즈쩨 므녜 볼라스 폐남

웨이브로 드라이해 주세요.

Сде́лайте мне волни́стую укла́дку.
즈졜라이쩨 므녜 발르니스뚜유 우클라트꾸

머릿결이 많이 상했네요.

У вас во́лосы си́льно повреждены́.
우 바스 볼라스 실리나 빠브리즈지느

재생 헤어팩을 하셔야 합니다.

Вам ну́жно сде́лать восстана́вливающую ма́ску для воло́с.

밤 누즈나 즈젤라찌 바스따나블리바유쓔유 마스꾸 들랴 발로ㅅ

세탁물 맡기기

이 옷은 집에서 세탁하면 안됩니다.

Э́ту вещь нельзя́ стира́ть в дома́шних усло́виях.

에뚜 볘쒸 닐쟈 스찌라찌 브 다마쉬니ㅎ
우슬로비야ㅎ

옷을 세탁소에 맡기고 싶어요.

Я хочу́ сдать ве́щи в пра́чечную.

야 하추 즈다찌 볘쒸 프 쁘라치츠누유

내 정장을 드라이클리닝 좀 맡겨 줘.

Сдай, пожа́луйста, мой костю́м в химчи́стку.

즈다이, 빠잘루스따, 모이 까스쭘 프 힘치스트꾸

330

이 코트를 드라이클리닝 맡겨야 한다.

Это пальто́ ну́жно сдать в химчи́стку.
에따 빨또 누즈나 즈다찌 프 힘치스트꾸

저는 셀프 세탁소를 이용해요.

Я по́льзуюсь пра́чечной самообслу́живания.
야 뽈주유시 쁘라치츠나이 사마아프슬루즈바니야

셀프 세탁소에서 세탁, 건조, 다림질까지 할 수 있어요.

В пра́чечной самообслу́живания мо́жно стира́ть, суши́ть и гла́дить.
프 쁘라치츠나이 사마아프슬루즈바니야 모즈나 스찌라찌, 수쉬찌 이 글라지찌

세탁물 찾기

언제 세탁물을 찾으러 올 수 있습니까?

Когда́ мо́жно прийти́ за веща́ми?

까그다 모즈나 쁘리이찌 자 비쌰미?

저는 세탁물을 찾으러 왔습니다.

Я пришёл(пришла́) за свои́ми веща́ми.

야 쁘리숄(쁘리쉴라) 자 스바이미 비쌰미

제 세탁물을 여기에 맡겼습니다.

Я сдава́л(а) вам свои́ ве́щи в сти́рку.

야 즈다발(라) 밤 스바이 볘쒸 프 스찌르꾸

코트 드라이클리닝 얼마예요?

Ско́лько сто́ит химчи́стка пальто́?

스꼴까 스또이트 힘치스트까 빨또?

332

세탁물이 집까지 배달 되나요?

Вы доставля́ете ве́щи на́ дом?

브 다스따블랴이쪠 베쒸 나 담?

얼룩 제거

셔츠에 얼룩 제거 가능한가요?

Вы мо́жете удали́ть э́то пятно́ на руба́шке?

브 모즈쩨 우달리찌 에따 삐트노 나 루바쉬꼐?

Э́то пятно́ на руба́шке возмо́жно удали́ть?

에따 삐트노 나 루바쉬꼐 바즈모즈나 우달리찌?

얼룩을 빨았는데도, 잘 안 됐어요.

Я про́бовал(а) отстира́ть пятно́, но не получи́лось.

야 쁘로바발(라) 아쯔찌라찌 삐트노. 노 니 빨루칠라시

이건 오래된 얼룩이에요. 지울 수 있나요?

Это ста́рое пятно́.
Его́ мо́жно удали́ть?
에따 스따라예 삐트노. 이보 모즈나 우달리찌?

기름 얼룩이 지워질까요?

Пятно́ от жи́ра отстира́ется?
삐트노 아트 즈라 아쯔찌라이짜?

드라이클리닝하면 이 얼룩을 지울 수 있나요?

Мо́жно удали́ть э́то пятно́
химчи́сткой?
모즈나 우달리찌 에따 삐트노 힘치스트까이?

수선

이 바지 길이를 줄여야 해요.

Ну́жно укороти́ть э́ти брю́ки.
누즈나 우까라찌찌 에찌 브류끼

Ну́жно подши́ть э́ти брю́ки.
누즈나 빠트쉬찌 에찌 브류끼

이 바지통을 줄여야 해요.

Ну́жно уши́ть э́ти брю́ки по бока́м.

누즈나 우쉬찌 에찌 브류끼 빠 바깜

점퍼 지퍼가 고장 났어요. 다른 것으로 교체해 주세요.

Мо́лния на ку́ртке слома́лась. Замени́те на другу́ю.

몰르니야 나 꾸르트꼐 슬라말라시. 자미니쩨 나 드루구유

주머니를 꿰매 주세요.

Прише́йте карма́н.

쁘리세이쩨 까르만

이 옷은 고칠 수 없습니다.

Э́ту вещь почини́ть невозмо́жно.

에뚜 볘쒸 빠치니찌 니바즈모즈나

단추 좀 달아 주세요.

Прише́йте, пожа́луйста, пу́говицы.

쁘리셰이쩨, 빠잘루스따, 뿌가비쯔

렌터카-대여 & 차종

차 한 대 빌리고 싶어요.

Я хочу́ взять маши́ну на прока́т.

야 하추 브쟈찌 마쉬누 나 쁘라까트

여권과 국제 운전면허증 그리고 비자가 있으셔야 합니다.

Ну́жно име́ть па́спорт, междунаро́дные води́тельские права́ и ви́зу.

누즈나 이몌찌 빠스빠르트, 미즈두나로드느예 바지찔스끼예 쁘라바 이 비주

어떤 차를 빌리고 싶으신가요?

Каку́ю маши́ну вы хоти́те взять на прока́т?

까꾸유 마쉬누 브 하찌쩨 브쟈찌 나 쁘라까트?

소형차가 필요합니다.

Нам нужна́ малогабари́тная маши́на.

남 누즈나 말라가바리트나야 마쉬나

얼마 동안 차를 빌리려고 하십니까?

На ско́лько дней вы хоти́те взять маши́ну?

나 스꼴까 드녜이 브 하찌쩨 브쟈찌 마쉬누?

차 반납할 때 기름을 채우셔야 합니다.

При сда́че маши́ны вы должны́ запра́вить её бензи́ном.

쁘리 즈다체 마쉬느 브 달즈느 자프라비찌 이요 빈지남

렌터카-정산 & 반납

빌린 차는 어떻게 반납하나요?

Как ну́жно сдава́ть маши́ну наза́д?

까ㅋ 누즈나 즈다바찌 마쉬누 나자ㅌ?

어디에서 반납하면 되나요?

Куда́ ну́жно сдава́ть маши́ну?

꾸다 누즈나 즈다바찌 마쉬누?

원하시는 장소로 저희 직원이 차를 갖다드리겠습니다.

Наш сотру́дник прика́тит маши́ну в любо́е ме́сто, куда́ вы жела́ете.

나쉬 사트루드니ㅋ 쁘리까찌ㅌ 마쉬누 브 류보예 메스따. 꾸다 브 즐라이쩨

렌탈 요금은 어떻게 됩니까?

Ско́лько сто́ит прока́т маши́ны?

스꼴까 스또이ㅌ 브라까ㅌ 마쉬느?

보증금을 지불하셔야 합니다.

Вы должны́ заплати́ть зало́г.
브 달즈느 자플라찌찌 잘로ㅋ

차 상태를 체크해 봅시다.

Дава́йте осмо́трим состоя́ние автомоби́ля.
다바이쩨 아스모트림 사스따야니예 아프따마빌랴

주유소

차에 기름이 곧 떨어지겠어요.

Ско́ро зако́нчится бензи́н в ба́ке.
스꼬라 자꼰치짜 빈진 브 바꼐

Бензи́н ско́ро бу́дет на нуле́.
빈진 스꼬라 부지ㅌ 나 눌례

기름을 넣어야 해요.

Ну́жно запра́виться.
누즈나 자프라비짜

기름이 아직 많은데요.

У нас ещё по́лный бак.
우 나스 이쑈 뽈르느이 바크

가장 가까운 주유소는 어디에 있나요?

Где нахо́дится ближа́йщая запра́вочная ста́нция?
그제 나호지짜 블리자이쌰야 자프라바츠나야
스딴쯔야?

이 주변에 주유소는 어디에 있나요?

Где здесь АЗС?
그제 즈제시 아제에스?

Где здесь запра́вка?
그제 즈제시 자프라프까?

셀프 주유해야 해요.

Бензи́н ну́жно залива́ть самому́.
빈진 누즈나 잘리바찌 사마무

기름을 가득 채워야 해요.

Нужно залить полный бак.
누즈나 잘리찌 볼르느이 바ㅋ

먼저 기름값을 내고. 그다음에 주유를 해야 해요.

Вначале нужно заплатить за бензин, а потом заливать бак.
브나찰례 누즈나 자플라찌찌 자 빈진.
아 빠똠 잘리바찌 바ㅋ

휘발유 1리터당 얼마예요?

Сколько стоит бензин за литр?
스꼴까 스또이ㅌ 빈진 자 리트르?

주유소에 상점이 있어요.

На автозаправке есть магазин.
나 아프따자프라프꼐 예스찌 마가진

저는 주유소에 있는 상점에 들르고 싶어요.

Я хочу зайти в магазин на автозаправке.
야 하추 자이찌 브 마가진 나 아프따자프라프꼐

342

세차 & 정비

우리는 세차장에 들러야 해요.

Нам ну́жно зае́хать на автомо́йку.
남 누즈나 자예하찌 나 아프따모이꾸

차 내부도 세차해 주세요.

Помо́йте та́кже сало́н маши́ны.
빠모이쩨 따그제 살론 마쉬느

저는 항상 자동 세차를 이용해요.

Я всегда́ по́льзуюсь автомати́ческой мо́йкой.
야 프시그다 뽈주유시 아프따마찌치스까이 모이까이

모든 창문을 올려 주세요.

Закро́йте все о́кна.
자크로이쩨 프세 오크나

시동을 꺼 주세요.

Вы́ключите мото́р.
브클류치쩨 마또르

타이어가 펑크 났어요.

Колесо́ проко́лото.
깔리소 쁘라꼴라따

타이어에 바람 좀 넣어야 해요.

Ну́жно подкача́ть колёса.
누즈나 빠트까차찌 깔료사

서점

서점에 가고 싶어요.

Я хочу́ пойти́ в кни́жный магази́н.

야 하추 빠이찌 프 끄니즈느이 마가진

어떤 책 한 권을 사야 해요.

Мне ну́жно купи́ть одну́ кни́гу.

므녜 누즈나 꾸삐찌 아드누 끄니구

저는 자주 서점에 가요.

Я ча́сто хожу́ в кни́жный магази́н.

야 차스따 하주 프 끄니즈느이 마가진

이 서점에 책 가짓수가 많아요.

В э́том кни́жном магази́не большо́й вы́бор книг.

브 에땀 끄니즈남 마가지녜 발쇼이 브바ㄹ 끄니ㅋ

저는 가끔 중고책을 구입해요.

Я иногда́ покупа́ю поде́ржанные кни́ги.

야 이나그다 빠꾸빠유 빠졔르자느예 끄니기

저는 고서적 서점에 가는 것을 좋아해요.

Я люблю́ ходи́ть в букинисти́ческий магази́н.

야 류블류 하지찌 브 부끼니스찌치스끼 마가진

책 찾기

역사에 관한 책을 어디서 찾을 수 있나요?

Где я могу́ найти́ кни́ги по исто́рии?

그제 야 마구 나이찌 끄니기 빠 이스또리이?

이 작가의 책은 어디에 위치하고 있나요?

Где нахо́дятся кни́ги э́того писа́теля?

그제 나호쟈짜 끄니기 에따바 삐사찔랴?

아동 서적은 어디에서 찾을 수 있는지 알려 주시겠어요?

Подскажи́те, где мо́жно найти́ литерату́ру для дете́й?

빠쯔까즈쩨, 그제 모즈나 나이찌 리찌라뚜루 들랴 지쩨이?

찾으시는 책 제목이 어떻게 됩니까?

Как называ́ется кни́га, кото́рую вы и́щете?

까크 나즈바이짜 끄니가, 까또루유 브 이쒸쩨?

이 책은 일시 품절 상태입니다.

Э́той кни́ги вре́менно нет в нали́чии.

에따이 끄니기 브례미나 녜트 브 날리치이

이 책이 언제 입고되나요?

Когда́ завезу́т э́ту кни́гу?

까그다 자비주트 에뚜 끄니구?

이 책은 절판되었습니다.

Тира́ж э́той кни́ги зако́нчился.
찌라쉬 에따이 끄니기 자꼰칠샤

Э́ту кни́гу уже́ не издаю́т.
에뚜 끄니구 우제 니 이즈다유ㅌ

이 책은 개정판이 나왔습니다.

Вы́шло перерабо́танное изда́ние э́той кни́ги.
브쉴라 삐리라보따나예 이즈다니예 에따이 끄니기

이 책은 최신판이 나왔습니다.

Вы́пустили но́вое изда́ние э́той кни́ги.
브뿌스찔리 노바예 이즈다니예 에따이 끄니기

이 책은 다음 판이 언제 나와요?

Когда́ вы́йдет продолже́ние э́той кни́ги?
까그다 브이지ㅌ 쁘라달제니예 에따이 끄니기?

이 책은 저자가 누구예요?

Кто а́втор э́той кни́ги?

끄또 아프따르 에따이 끄니기?

베스트셀러는 어디서 볼 수 있나요?

Где мо́жно посмотре́ть бестсе́ллеры?

그졔 모즈나 빠스마트례찌 비스쪨리르?

관광 관련 책이 어디에 위치하고 있나요?

Где нахо́дятся кни́ги по тури́зму?

그졔 나호쟈짜 끄니기 빠 뚜리즈무?

외국어 교재를 찾고 있어요.

Я ищу́ уче́бники по иностра́нным языка́м.

야 이쓔 우체브니끼 빠 이나스트라늼 이즈깜

외국인 대상 러시아어 참고서는 어디서 찾을 수 있나요?

Где мо́жно найти́ посо́бия по ру́сскому языку́ для иностра́нцев?

그제 모즈나 나이찌 빠소비야 빠 루스까무 이즈꾸 들랴 이나스트란쩨ㅍ?

잠깐 기다려 주세요. 책을 가져다 드리겠습니다.

Подожди́те, я принесу́ вам э́ту кни́гу.

빠다즈지쩨. 야 쁘리니수 밤 에뚜 끄니구

저기에 있는 책 좀 꺼내 주세요.

Помоги́те, пожа́луйста, доста́ть вон ту кни́гу.

빠마기쩨. 빠잘루스따. 다스따찌 본 뚜 끄니구

Доста́ньте, пожа́луйста, вон ту кни́гу.

다스따니쩨. 빠잘루스따. 본 뚜 끄니구

도서 구입

찾던 책을 구입했어요.

Я купи́л(а) кни́гу, кото́рую
иска́л(а).

야 꾸삘(라) 끄니구, 까또루유 이스깔(라)

책 구입하는 돈이 아깝지 않아요.

Я не жале́ю де́ньги на кни́ги.

야 니 잘례유 제니기 나 끄니기

서점 가서 파본을 교환해야겠어요.

Мне ну́жно сходи́ть в магази́н и
поменя́ть брако́ванную кни́гу.

므녜 누즈나 스하지찌 브 마가진 이 빠미냐찌
브라꼬바누유 끄니구

이 책은 표지가 구겨졌어요. 새것으로
가져다주세요.

У э́той кни́ги помя́тая обло́жка.
Принеси́те но́вую.

우 에따이 끄니기 빠먀따야 아블로쉬까. 쁘리니시쩨
노부유

이 책은 할인받아서 구입했어요.

Я купи́л(а) э́ту кни́гу со
ски́дкой.

야 꾸삘(라) 에뚜 끄니구 사 스끼트까이

저는 보통 공부하기 위한 책을 구입해요.

Я обы́чно покупа́ю кни́ги для
учёбы.

야 아브츠나 빠꾸빠유 끄니기 들랴 우쵸브

352

인터넷 서점

인터넷 상점에서 책을 더 싸게 살 수 있어요.

В интерне́т-магази́нах мо́жно купи́ть кни́ги деше́вле.

브 인떼르네트마가지나ㅎ 모즈나 꾸삐찌 끄니기 지세블례

저는 자주 인터넷으로 책을 사요.

Я ча́сто покупа́ю кни́ги по Интерне́ту.

야 차스따 빠꾸빠유 끄니기 빠 인떼르네뚜

여러 상점의 가격을 비교할 수 있어요.

Мо́жно сра́внивать це́ны ра́зных магази́нов.

모즈나 스라브니바찌 쩨느 라즈느ㅎ 마가지나ㅍ

인터넷 서점에서 모든 책을 찾을 수 있어요.

В интерне́т-магази́не мо́жно найти́ все кни́ги.

브 인떼르네트마가지녜 모즈나 나이찌 프세 끄니기

책이 아직 배송이 안 됐어요.

Кни́гу ещё не доста́вили.

끄니구 이쑈 니 다스따빌리

도서관

도서관은 언제 문 열려 있나요?

Как рабо́тает библиоте́ка?
까ㅋ 라보따이ㅌ 비블리아쩨까?

도서관은 1시간 후에 문을 닫습니다.

Библиоте́ка закрыва́ется че́рез час.
비블리아쩨까 자크르바이짜 체리ㅅ 차ㅅ

도서관에서 책을 빌려야 해요.

Мне ну́жно взять кни́гу в библиоте́ке.
므녜 누즈나 브쟈찌 끄니구 브 비블리아쩨꼐

필요한 책을 찾았어요.

Я нашёл(нашла́) ну́жную кни́гу.
야 나숄(나쉴라) 누즈누유 끄니구

355

우리는 도서 열람실에서 공부해요.

Мы занима́емся в чита́льном за́ле.

므 자니마임샤 프 치딸리남 잘례

필요한 책을 컴퓨터로 찾을 수 있습니다.

Вы мо́жете найти́ ну́жную кни́гу на компью́тере.

브 모즈쩨 나이찌 누즈누유 끄니구 나 깜피유떼례

도서 대출

도서관 카드가 있습니까?

У вас есть чита́тельский биле́т?

우 바스 예스찌 치따찔스끼 빌례트?

얼마 동안 책을 빌릴 수 있습니까?

На ско́лько мо́жно брать кни́ги на́ дом?

나 스꼴까 모즈나 브라찌 끄니기 나 담?

정해진 기한 내에 책을 반납하세요.

Возвраща́йте кни́ги в ука́занный срок.
바즈브라쌰이쩨 끄니기 브 우까자느이 스로ㅋ

도서 대출 기한을 연장할 수 있나요?

Мо́жно продли́ть срок по́льзования кни́гой?
모즈나 쁘라들리찌 스로ㅋ 뽈자바니야 끄니가이?

책을 언제 반납해야 합니까?

Когда́ ну́жно возврати́ть кни́ги?
까그다 누즈나 바즈브라찌찌 끄니기?

이 책이 도서 보관소에 있습니다. 예약증을 작성하셔야 합니다.

Э́та кни́га нахо́дится в храни́лище. Вам ну́жно офо́рмить зака́з.
에따 끄니가 나호지짜 프 흐라닐리쎼. 밤 누즈나 아포르미찌 자까ㅅ

도서 반납

오늘은 도서관에 책을 반납해야 해요.

Мне ну́жно сего́дня возврати́ть кни́ги в библиоте́ку.

므녜 누즈나 시보드냐 바즈브라찌찌 끄니기 브 비블리아쩨꾸

책을 반납하고 싶은데요.

Я хочу́ сдать кни́ги.

야 하추 즈다찌 끄니기

책을 반납하려고 가져왔습니다.

Я принёс(принесла́) кни́ги на сда́чу.

야 쁘리뇨ㅅ(쁘리니슬라) 끄니기 나 즈다추

책을 반납하는 것을 완전히 잊어버렸어요.

Я совсе́м забы́л(а) отнести́ кни́ги наза́д.

야 사프셈 자블(라) 아트니스찌 끄니기 나자ㅌ

연체된 책이 있어요.

У меня́ просро́ченные кни́ги.
우 미냐 쁘라스로치느예 끄니기

저는 항상 기한 내에 책을 반납해요.

Я всегда́ сдаю́ кни́ги в срок.
야 프시그다 즈다유 끄니기 프 스로ㅋ

도서 연체 & 대출 연장

연체된 책 반납 시 벌금이 있나요?

У вас есть штра́ф за невозвра́т
книг в срок?
우 바스 예스찌 쉬트라ㅍ 자 니바즈브라ㅌ 끄니ㅋ 프
스로ㅋ?

책을 제때 반납하지 않으면, 벌금을 부과할 수
있어요.

Е́сли не сдашь кни́ги во́время,
то мо́гут наложи́ть штраф.
예슬리 니 즈다쉬 끄니기 보브리먀, 또 모구ㅌ
날라즈찌 쉬트라ㅍ

대출 기한을 연장할 수 있나요?

Мо́жно продли́ть срок по́льзования кни́гами?

모즈나 쁘라들리찌 스로ㅋ 뽈자바니야 끄니가미?

이 책은 예약자가 없으면, 기한을 연장할 수 있어요.

Е́сли никто́ не иска́л э́ту кни́гу, продли́ть срок мо́жно.

예슬리 니크또 니 이스깔 에뚜 끄니구, 쁘라들리찌 스로ㅋ 모즈나

한 달이나 연체된 도서관에서 빌린 책을 가지고 있어요.

У меня́ просро́ченные кни́ги из библиоте́ки на це́лый ме́сяц.

우 미냐 쁘라스로치느예 끄니기 이즈 비블리아쩨끼 나 쩰르이 메시쯔

박물관 & 미술관

저는 자주 박물관에 전시회를 보러 가요.

Я ча́сто хожу́ в музе́и на вы́ставки.

야 차스따 하주 브 무제이 나 브스따프끼

저는 미술 전시회를 보러 가는 것을 좋아해요.

Мне нра́вится ходи́ть на худо́жественные вы́ставки.

므녜 느라비짜 하지찌 나 후도즈스트비느예 브스따프끼

박물관은 언제 쉬는 날이에요?

Когда́ выхо́дной в музе́е?

까그다 브하드노이 브 무제예?

에르미따주는 몇 시에 문을 열어요?

В кото́ром часу́ открыва́ется Эрмита́ж?

프 까또람 치수 아트크르바이짜 에르미따쉬?

지금 박물관에 무슨 전시회가 있나요?

Кака́я вы́ставка сейча́с в музе́е?

까까야 브스따프까 시차스 브 무제예?

현재 박물관에 현대미술 전시회가 진행 중이에요.

Сейча́с в музе́е вы́ставка совреме́нной жи́вописи.

시차스 브 무제예 브스따프까 사브리몌나이 즈바삐시

놀이동산

놀이동산 가는 거 좋아하니?

Ты лю́бишь ходи́ть в парк аттракцио́нов?

뜨 류비쉬 하지찌 프 빠르크 아트라크쯔오나ㅍ?

어떤 놀이 기구 타는 걸 제일 좋아해?

Како́й из аттракцио́нов тебе́ бо́льше всего́ нра́вится?

까꼬이 이즈 아트라크쯔오나ㅍ 찌볘 볼셰 프시보 느라비짜?

과격한 놀이 기구 타는 걸 좋아해요.

Я люблю́ ката́ться на экстрема́льных аттракцио́нах.

야 류블류 까따짜 나 에크스트리말리느ㅎ 아트라크쯔오나ㅎ

이 놀이 기구 이용권은 얼마예요?

Сколько сто́ит биле́т на э́тот аттракцио́н?

스꼴까 스또이트 빌례트 나 에따트 아트라크쯔온?

저는 롤러코스터 타는 게 겁나요.

Я бою́сь ката́ться на америка́нских го́рках.

야 바유시 까따쨔 나 아미리깐스끼ㅎ 고르까ㅎ

저는 회전목마만 타도 머리가 아파요.

У меня́ да́же от карусе́ли голова́ боли́т.

우 미냐 다제 아트 까루셀리 갈라바 발리트

헬스클럽 등록

저는 운동했으면 해요.

Я хоте́л(а) бы заня́ться спо́ртом.

야 하쪨(라) 브 자냐짜 스뽀르땀

저는 헬스클럽을 다녀요.

Я хожу́ в фи́тнес-клуб.
야 하주 프 피트네스끌루ㅃ

저는 헬스장에 가입하고 싶어요.

Я хочу́ записа́ться в тренажёрный зал.
야 하추 자삐사짜 프 뜨리나조르느이 잘

헬스장 1회 사용권이 얼마예요?

Ско́лько сто́ит одно́ заня́тие в тренажёрном за́ле?
스꼴까 스또이ㅌ 아드노 자냐찌예 프 뜨리나조르남 잘례?

피트니스클럽 1년 이용 회원 카드를 신청하실 수 있습니다.

Вы мо́жете офо́рмить годову́ю ка́рту в фи́тнес-клуб.
브 모즈쩨 아포르미찌 가다부유 까르뚜 프 피트네스끌루ㅍ

우선 당신에게 맞는 프로그램을 짜 봅시다.

Дава́йте для нача́ла разрабо́таем програ́мму для вас.

다바이쩨 들랴 나찰라 라즈라보따임 쁘라그라무 들랴 바스

헬스클럽 이용

저는 트레이너의 개인 레슨을 받고 싶습니다.

Я хочу́ получи́ть индивидуа́льное заня́тие с тре́нером.

야 하추 빨루치찌 인지비두알리나예 자냐찌예 스 뜨레니람

트레이너 레슨비가 얼마예요?

Ско́лько сто́ит заня́тие с инстру́ктором?

스꼴까 스또이트 자냐찌예 스 인스트루크따람?

피트니스클럽 갈 운동복을 사야 해요.

Мне ну́жно купи́ть спорти́вную оде́жду для фи́тнес-клу́ба.

므녜 누즈나 꾸삐찌 스빠르찌브누유 아졔즈두 들랴 피트녜스끌루바

헬스장에 갈 때 수건을 챙기세요.

Захвати́те с собо́й полоте́нце в тренажёрный зал.

자흐바찌쩨 스 사보이 빨라쩬쩨 프 뜨리나조르느이 잘

준비 운동부터 시작하세요.

Начина́йте с разми́нки.

나치나이쩨 스 라즈민끼

이 운동 기계는 어떻게 사용해요?

Как ну́жно по́льзоваться э́тим тренажёром?

까ㅋ 누즈나 뽈자바짜 에찜 뜨리나조람?

영화관

영화 보러 가자.

Пойдём в кино́.
빠이죰 프 끼노

극장 앞에서 6시에 기다릴게.

Жду тебя́ у кинотеа́тра в шесть часо́в.
즈두 찌뱌 우 끼나찌아트라 프 셰스찌 치소ㅍ

극장에서 상영하고 있는 영화는 뭐가 있어요?

Како́й фильм сейча́с идёт в кинотеа́трах?
까꼬이 필림 시차ㅅ 이죠트 프 끼나찌아트라ㅎ?

무슨 영화를 보러 가고 싶니?

На како́й фильм ты хо́чешь пойти́?
나 까꼬이 필림 뜨 호치쉬 빠이찌?

368

볼 만한 영화는 뭐가 있어요?

На како́й фильм сто́ит пойти́?

나 까꼬이 필림 스또이트 빠이찌?

극장에 무슨 영화가 상영하고 있는지 인터넷으로 검색해 봐.

Посмотри́ в Интерне́те, каки́е фи́льмы пока́зывают в кинотеа́трах.

빠스마트리 브 인떼르네쩨, 까끼예 필므 빠까즈바유ㅌ 프 끼나찌아트라ㅎ

영화표

이 영화는 표가 아직 있나요?

Ещё есть биле́ты на э́тот фильм?

이쑈 예스찌 빌례드 나 에따ㅌ 필림?

인터넷으로 영화표를 샀어요.

Я купил(а) биле́ты по Интерне́ту.
야 꾸삘(라) 빌례뜨 빠 인떼르네뚜

8시 영화표 두 장 주세요.

Да́йте два биле́та на во́семь часо́в.
다이쩨 드바 빌례따 나 보심 치소ㅍ

다음 상영은 몇 시에 있어요?

В кото́ром часу́ бу́дет сле́дующий сеа́нс?
프 까또람 치수 부지ㅌ 슬례두쒸 시안ㅅ?

어떤 좌석이 남았나요?

Каки́е места́ оста́лись?
까끼예 미스따 아스딸리시?

죄송하지만, 영화표가 매진되었어요.

Извини́те, все биле́ты распро́даны.
이즈비니쩨, 프세 빌례뜨 라스프로다느

영화관 에티켓

자신의 자리에 앉으세요.

Занима́йте то́лько свои́ места́.
자니마이쩨 똘까 스바이 미스따

휴대폰을 꺼 주시거나 무음 모드로 해 주세요.

Вы́ключите свой моби́льный телефо́н или переведи́те его́ в беззву́чный режи́м.
브클류치쩨 스보이 마빌리느이 찔리폰 일리
뻬리비지쩨 이보 브 비즈부츠느이 리즘

상영 중 통화하지 마세요.

Не разгова́ривайте по телефо́ну во вре́мя пока́за фи́льма.
니 라즈가바리바이쩨 빠 찔리포누 바 브례먀 빠까자
필마

옆 사람과 크게 대화하지 마세요.

Не разгова́ривайте гро́мко с ва́шим сосе́дом.

니 라즈가바리바이쩨 그롬까 스 바쉼 사세담

상영 중 조용히 해 주세요.

Не шуми́те во вре́мя сеа́нса.

니 슈미쩨 바 브레먀 시안사

극장에 쓰레기 버리지 마세요.

Не сори́те в кинотеа́тре.

니 사리쩨 프 끼나찌아트레

콘서트

콘서트 보러 가고 싶니?

Хо́чешь пойти́ на конце́рт?

호치쉬 빠이찌 나 깐쩨르트?

제가 좋아하는 그룹의 콘서트에 가고 싶어요.

Я хочу́ пойти́ на конце́рт мое́й люби́мой гру́ппы.

야 하추 빠이찌 나 깐쩨르트 마예이 류비마이 그루쁘

저는 콘서트에 안 간지 오래되었어요.

Я давно́ не ходи́л(а) на конце́рты.

야 다브노 니 하질(라) 나 깐쩨르드

다음 주에 야외 콘서트가 있을 거예요.

На сле́дующей неде́ле бу́дет конце́рт на откры́том во́здухе.

나 슬례두쎄이 니젤례 부지트 깐쩨르트 나
아트크르땀 보즈두혜

클래식 음악 콘서트 표가 있어요.

У меня́ есть биле́ты на конце́рт класси́ческой му́зыки.

우 미냐 예스찌 빌례드 나 깐쩨르트 끌라시치스까이
무즈끼

373

공연 기타

대학생과 학생에게 입장권 할인이 제공됩니다.

Для студе́нтов и шко́льников предоставля́ется ски́дка на биле́ты.

들랴 스뚜젠따ㅍ 이 쉬꼴리니까ㅍ
쁘리다스따블랴이짜 스끼트까 나 빌례뜨

어렸을 때 저는 자주 학교 공연에 참여했어요.

В де́тстве я ча́сто уча́ствовал(а) в шко́льных выступле́ниях.

브 제쯔트볘 야 차스따 우차스트바발(라) 프
쉬꼴리느ㅎ 브스뚜플례니야ㅎ

이 뮤지컬 오래전부터 보러 가고 싶었어요.

Я давно́ хоте́л(а) сходи́ть на э́тот мю́зикл.

야 다브노 하쪨(라) 스하지찌 나 에따ㅌ 뮤지클

러시아 민속 노래와 춤 콘서트에 가자.

Дава́й пойдём на конце́рт ру́сской наро́дной пе́сни и пля́ски.

다바이 빠이쫌 나 깐쩨르트 루스까이 나로드나이 뼤스니 이 쁠랴스끼

아이들을 데리고 인형극을 보러 갈 거예요.

Я поведу́ дете́й на ку́кольный спекта́кль.

야 빠비두 지쩨이 나 꾸깔리느이 스뼤크따클

술집

괜찮은 술집을 알고 있어요.

Я зна́ю оди́н хоро́ший пивба́р.
야 즈나유 아진 하로쉬 삐브바ㄹ

저는 이 맥줏집 단골이에요.

Я постоя́нный посети́тель э́той пивно́й.
야 빠스따야느이 빠시찌찔 에따이 삐브노이

저는 술집에서 시간 보내는 것을 좋아해요.

Я люблю́ посиде́ть в пивба́ре.
야 류블류 빠시제찌 프 삐브바레

저는 친구들과 바에서 시간을 보내는 것을 좋아해요.

Мне нра́вится посиде́ть с друзья́ми в ба́ре.
므녜 느라비짜 빠시제찌 스 드루지야미 브 바레

저는 주말에 술집에서 맥주 마시는 걸 좋아해요.

Мне нра́вится вы́пить пи́ва
в пивно́й в конце́ рабо́чей
неде́ли.

므녜 느라비짜 브삐찌 삐바 프 삐브노이 프 깐쩨
라보체이 니젤리

술 약속 잡기

맥줏집에 가자.

Дава́й пойдём в пивну́ю.

다바이 빠이좀 프 삐브누유

술집에 가자. 내가 살게.

Пойдём в пивба́р.
Я угоща́ю.

빠이좀 프 삐브바ㄹ. 야 우가쌰유

바에 가서 시간을 보내자.

Дава́й пойдём в бар, посиди́м.

다바이 빠이좀 브 바ㄹ. 빠시짐

일 끝나고 맥주 한 잔씩 마실까요?

По́сле рабо́ты вы́пьем по кру́жке пи́ва?

뽀슬례 라보뜨 브뻬임 빠 끄루쉬꼐 삐바?

우리는 친구들과 술집에서 만나기로 약속했어요.

Мы договори́лись с друзья́ми встре́титься в пивба́ре.

므 다가바릴리시 스 드루지야미 프스트례찌짜 프 삐브바례

술집 주소를 휴대폰에 보내 줄게. 와.

Я ски́ну а́дрес пивба́ра тебе́ на телефо́н. Приходи́.

야 스끼누 아드리스 쁘브바라 찌볘 나 찔리폰. 쁘리하지

술 권하기

한잔합시다!

Дава́йте вы́пьем!

다바이쩨 브뻬임!

잔 드세요!

Поднима́йте свои́ бока́лы!

빠드니마이쩨 스바이 바깔르!

건배사를 하겠습니다.

Я хочу́ произнести́ тост.

야 하추 쁘라이즈니스찌 또스트

또 한 잔씩 하자.

Дава́й ещё по одно́й.

다바이 이쑈 빠 아드노이

무엇을 위하여 마실까요?

За что вы́пьем?

자 쉬또 브뻬임?

건강을 위하여!

За здоро́вье!
자 즈다로비예!

우리의 우정을 위하여!

За на́шу дру́жбу!
자 나슈 드루즈부!

바닥까지 마셔! (원샷!)

Пей до дна!
뻬이 다 드나!

До дна!
다 드나!

술 고르기

무슨 술을 마실까요?

Что бу́дем пить?
쉬또 부짐 삐찌?

병맥주 마실래, 아니면 생맥주 마실래?

Како́е пи́во ты хо́чешь, буты́лочное или разливно́е?
까꼬예 삐바 뜨 호치쉬, 부뜰라츠나예 일리 라즐리브노예?

와인은 화이트로 시킬까요 레드로 시킬까요?

Како́е вино́ заказа́ть, бе́лое или кра́сное?
까꼬예 비노 자까자찌, 뻴라예 일리 끄라스나예?

코냑을 주문하자.

Дава́й возьмём коньяка́.
다바이 바지묨 까니이까

보드카를 마실래?

Бу́дешь во́дку?
부지쉬 보트꾸?

모히토로 주세요.

Да́йте мохи́то.
다이쩨 모히따

맥주 안주 주세요.

Да́йте заку́ску к пи́ву.
다이쩨 자꾸스꾸 크 삐부

클럽

클럽에 가자.

Дава́й пойдём в но́чной клуб.
다바이 빠이좀 브 나츠노이 끌루ㅍ

주말에 클럽에 가자.

Пойдём в клуб в выходно́й.
빠이좀 프 끌루ㅍ 브 브하드노이

밤새 클럽에서 춤을 출 수 있어요.

Я могу́ всю ночь танцева́ть в клу́бе.
야 마구 프슈 노치 딴쯔바찌 프 끌루베

몇시에 클럽 문을 열어요?

В кото́ром часу́ открыва́ется ночно́й клуб?

프 까또람 치수 아트크르바이짜 나츠노이 클루ㅍ?

클럽 입장료가 얼마예요?

Ско́лько сто́ит вход в клуб?

스꼴까 스또이ㅌ 프호ㅌ 프 끌루ㅍ?

그녀가 너무 어려 보여요.
클럽에서 입장 못하게 하려고 했어요.

Она́ о́чень мо́лодо вы́глядит. Её не хоте́ли пропуска́ть в клуб.

아나 오친 몰라다 브글리지ㅌ. 이요 니 하쪨리
쁘라뿌스까찌 프 끌루ㅍ

파티 초대

파티에 누구를 초대하고 싶니?

Кого́ ты хо́чешь пригласи́ть на вечери́нку?
까보 뜨 호치쉬 쁘리글라시찌 나 비치린꾸?

오늘 내 파티에 올 수 있니?

Ты мо́жешь прийти́ сего́дня ко мне на вечери́нку?
뜨 모즈쉬 쁘리이찌 시보드냐 까 므녜 나 비치린꾸?

내 파티에 와 줘.

Приходи́ ко мне на вечери́нку.
쁘리하지 까 므녜 나 비치린꾸

누가 또 파티에 올 거니?

Кто ещё придёт на вечери́нку?
끄또 이쑈 쁘리죠트 나 비치린꾸?

친구들 모두 초대했어요.

Я пригласи́л(а) всех друзе́й.

야 쁘리글라실(라) 프세ㅎ 드루제이

가장 가까운 친구들만 초대했어요.

Я пригласи́л(а) то́лько са́мых бли́зких друзе́й.

야 쁘리글라실(라) 똘까 사므ㅎ 블리스끼ㅎ 드루제이

파티 전

우리 집에서 파티를 하려고 해요.

Я устра́иваю вечери́нку у себя́ до́ма.

야 우스트라이바유 비치린꾸 우 시뱌 도마

우리 집에서 모이려고 해요.

Мы собира́емся собра́ться у меня́ до́ма.

므 사비라임샤 사브라짜 우 미냐 도마

어디서 파티를 하는 게 좋을까요, 집에서 아니면 클럽에서?

Где лу́чше провести́ вечери́нку, до́ма или в клу́бе?

그제 루츠셰 쁘라비스찌 비치린꾸. 도마 일리 프 클루볘?

저는 음식과 마실 것을 준비할게요.

Я позабо́чусь о еде́ и напи́тках.

야 빠자보추시 아 이졔 이 나삐트까ㅎ

파티 음식 준비하는 걸 도와줘.

Помоги́ мне пригото́вить угоще́ние для вечери́нки.

빠마기 므녜 쁘리가또비찌 우가쎼니예 들랴 비치린끼

음악을 미리 골라야 해요.

Ну́жно зара́нее подобра́ть му́зыку.

누즈나 자라니예 빠다브라찌 무즈꾸

파티 후

우리는 시간을 잘 보냈어요.

Мы хорошо́ провели́ вре́мя.

므 하라쇼 쁘라빌리 브례먀

우리는 기념행사를 잘 치렀어요.

Мы хорошо́ отме́тили
торжество́.

므 하라쇼 아트몌찔리 따르즈스트보

모두가 즐거운 시간을 보냈어요.

Все хорошо́ повесели́лись.

프세 하라쇼 빠비실릴리시

모든 것이 잘 진행되었어요.

Всё бы́ло хорошо́ устро́ено.

프쇼 블라 하라쇼 우스트로이나

음악도 음식도 마실 것도 모든 게 훌륭했어요.

Всё бы́ло отли́чно: и му́зыка, и еда́, и напи́тки.

프쇼 블라 아틀리츠나 이 무즈까. 이 이다. 이 나삐트끼

우리의 오랜 친구들이 파티에 다 있었어요.

На вечери́нке бы́ли все на́ши ста́рые знако́мые.

나 비치린꼐 블리 프세 나쉬 스따르예 즈나꼬므예

지루했어요.

Была́ скукоти́ща.

블라 스꾸까찌쌰

다양한 파티

내 생일 파티에 와.

Приходи́ ко мне на день рожде́ния.

쁘리하지 까 므녜 나 젠 라즈졔니야

388

저는 집들이에 초대받았어요.

Меня́ пригласи́ли на новосе́лье.
미냐 쁘리글라실리 나 나바셸리예

우리는 카페에서 동창 모임을 하려고 해요.

Мы собира́емся в кафе́ отме́тить встре́чу однокла́ссников.
므 사비라임샤 프 까페 아트몌찌찌 프스트레추 아드나클라스니까ㅍ

오늘 저녁에 우리는 회사 기념식을 해요.

Сего́дня ве́чером отмеча́ем юбиле́й фи́рмы.
시보드냐 볘치람 아트미차임 유빌레이 피르므

저는 신년 파티에 초대받았어요.

Меня́ пригласи́ли на нового́днюю вечери́нку.
미냐 쁘리글라실리 나 나바고드뉴유 비치른꾸

저는 오늘 회식이 있어요.

У нас сего́дня бу́дет корпорати́в.
우 나ㅅ 시보드냐 부지ㅌ 까르빠라찌ㅍ

389

Глава 4
여행을 떠나자!

항공권 예약

모스크바에서 서울행 왕복 티켓을 예약하고 싶은데요.

Я хочу́ заброни́ровать биле́т из Москвы́ в Сеу́л туда́ и обра́тно.

야 하추 자브라니라바찌 빌례뜨 이즈 마스크브 프 시울 뚜다 이 아브라트나

서울까지 11월 12일에 직항이 있어요?

У вас есть прямо́й рейс в Сеу́л двена́дцатого ноября́?

우 바스 예스찌 쁘리모이 례이스 프 시울 드비나짜따바 나이브랴?

며칠 예정으로 티켓을 원하십니까?

На како́е число́ вы хоти́те биле́т?

나 까꼬예 치슬로 브 하찌쩨 빌례뜨?

며칠에 출발을 원하세요?

Како́го числа́ вы жела́ете вы́лететь?

까꼬바 치슬라 브 즐라이쩨 블리찌찌?

며칠 예정으로 돌아오는 티켓을 원하십니까?

На како́е число́ вы хоти́те биле́т обра́тно?

나 까꼬예 치슬로 브 하찌쩨 블례트 아브라트나?

편도 티켓이 필요하신가요 아니면 왕복 티켓이 필요하신가요?

Вам биле́т в оди́н коне́ц или в о́ба конца́?

밤 빌례트 브 아진 까녜쯔 일리 브 오바 깐짜?

예약 확인 & 변경

예약을 재확인하고 싶은데요.

Я хочу́ подтверди́ть свою́ бронь на биле́т.

야 하추 빠트비르지찌 스바유 브로니 나 빌례트

성함과 항공편을 말씀해 주시겠어요?

Ва́ше и́мя и назва́ние ре́йса.

바셰 이먀 이 나즈바니예 례이사

9월 10일 서울행 SU 250편입니다.

Рейс SU 250(две́сти пятьдеся́т) в Сеу́л деся́того сентября́.

례이스 수 드베스찌 삐지샤트 프 시울 지샤따바 신찌브랴

예약 번호를 알려 주시겠습니까?

Назови́те, пожа́луйста, но́мер ва́шей бро́ни.

나자비쩨, 빠잘루스따, 노미르 바셰이 브로니

예약 번호는 ABC123.

Но́мер бро́ни ABC123(сто два́дцать три).

노미ㄹ 브로니 에이비시 스또 드바짜찌 뜨리

11월 12일 예약을 취소하고 20일로 예약하고 싶습니다.

Я хочу́ отмени́ть бронь на двена́дцатое ноября́ и заброни́ровать на двадца́тое.

야 하추 아트미니찌 브로니 나 드비나짜따예 나이브랴 이 자브라니라바찌 나 드바짜따예

여권

여권을 신청하려고 하는데요.

Я хочу́ пода́ть докуме́нты на загранпа́спорт.

야 하추 빠다찌 다꾸몐뜨 나 자그란빠스빠르ㅌ

여권을 신청하려면 어디로 문의하면 돼요?

Куда́ мне ну́жно обрати́ться, что́бы сде́лать загранпа́спорт?

꾸다 므녜 누즈나 아브라찌짜, 쉬또브 즈젤라찌
자그란빠스빠르트?

여권을 만드는 데 얼마나 걸리나요?

Ско́лько вре́мени уйдёт на оформле́ние загранпа́спорта?

스꼴까 브례미니 우이죠트 나 아파르믈례니예
자그란빠스빠르따?

여권을 발급하려면 어떤 서류를 준비해야 합니까?

Каки́е докуме́нты мне ну́жно подгото́вить на загранпа́спорт?

까끼예 다꾸몐뜨 므녜 누즈나 빠드가또비찌 나
자그란빠스빠르트?

여권이 올해 말로 만기됩니다.

Срок де́йствия загранпа́спорта зака́нчивается в конце́ э́того го́да.

스로ㅋ 제이스트비야 자그란빠스빠르따
자깐치바이짜 프 깐쩨 에따빠 고다

비자

러시아 비자를 신청하고 싶은데요.

Я хочу́ пода́ть докуме́нты на ви́зу в Росси́ю.

야 하추 빠다찌 다꾸멘뜨 나 비주 브 라시유

비자 연장을 신청하고 싶은데요.

Я хочу́ пода́ть докуме́нты на продле́ние ви́зы.

야 하추 빠다찌 다꾸멘뜨 나 쁘라들레니예 비즈

저는 학생 비자를 발급할 초청장을 받았어요.

Я получи́л(а) приглаше́ние для студе́нческой ви́зы.

야 빨루칠(라) 쁘리글라셰니예 들랴 스뚜젠치스까이 비즈

러시아와 한국 간 무비자 제도가 시행되었습니다.

Ме́жду Росси́ей и Коре́ей ввели́ безви́зовый режи́м.

메즈두 라시예이 이 까례예이 빌리 비즈비자브이 리즘

러시아에 관광차 무비자로 갈 수 있습니다.

В туристи́ческих це́лях мо́жно е́здить в Росси́ю без ви́зы.

프 뚜리스찌치스끼ㅎ 쩰랴ㅎ 모즈나 예즈지찌 브 라시유 볘з 비즈

공항 이용

출발 1시간 전 탑승 수속을 하셔야 합니다.

Вы должны́ пройти́ регистра́цию пассажи́ров за час до вы́лета.

브 달즈느 쁘라이찌 리기스트라쯔유 빠사즈라ㅍ 자 차ㅅ 다 블리따

부칠 짐이 있습니까?

Вы бу́дете сдава́ть бага́ж?

브 부지쩨 즈다바찌 바가쉬?

국제선 터미널은 어디인가요?

Где нахо́дится междунаро́дный термина́л?

그제 나호지짜 미즈두나로드느이 찌르미날?

출발 항공편이 연착되어서 연결 항공편을 놓쳤어요.

Я не успе́л(а) на стыко́вочный рейс, потому́ что пе́рвый рейс был заде́ржан.

야 니 우스뼬(라) 나 스뜨꼬바츠느이 레이스, 빠따무 쉬따 뼤르브이 레이스 블 자졔르잔

다음 항공편에 탑승하도록 해 드리겠습니다.

Вас переса́дят на сле́дующий рейс.

바스 뼤리사쟡 나 슬례두쒸 레이스

티켓팅

'아에로플롯' 카운터는 어디인가요?

Где нахо́дится сто́йка регистра́ции «Аэрофло́т»?

그졔 나호지짜 스또이까 리기스트라쯔이 '아에라플롵'?

티켓을 예약했습니다.

У меня́ заброни́рован биле́т.
우 미냐 자브라니라반 빌례트

창문 쪽 좌석으로 원합니다.

Я хочу́ ме́сто у окна́.
야 하추 메스따 우 아크나

복도 쪽 좌석으로 원합니다.

Я хочу́ ме́сто у прохо́да.
야 하추 메스따 우 쁘라호다

여권을 보여 주세요.

Покажи́те ваш загранпа́спорт.
빠까즈쪠 바쉬 자그란빠스빠르트

수하물 무게 기준이 어떻게 돼요?

Какова́ но́рма ве́са багажа́?
까까바 노르마 볘사 바가자?

초과 수하물 요금은 얼마 지불하면 될까요?

Ско́лько ну́жно заплати́ть за ли́шний вес багажа́?

스꼴까 누즈나 자쁠라찌찌 자 리쉬니 볘스 바가자?

탑승

탑승 수속은 몇 시예요?

В кото́ром часу́ регистра́ция пассажи́ров?

프 까또람 치수 리기스트라쯔야 빠사즈라ㅍ?

탑승은 몇 시에 하나요?

В кото́ром часу́ поса́дка на самолёт?

프 까또람 치수 빠사트까 나 사말료ㅌ?

탑승 출입구는 어디 있나요?

Где нахо́дится вы́ход на поса́дку?

그제 나호지짜 브하ㅌ 나 빠사트꾸?

탑승 출입구 번호가 탑승권에 적혀 있어요.

Но́мер вы́хода на поса́дку ука́зан на поса́дочном тало́не.

노미르 브하다 나 빠사트꾸 우까잔 나 빠사다츠남 딸로녜

곧 탑승을 시작하겠습니다.

Ско́ро начнётся поса́дка на самолёт.

스꼬라 나츠뇨짜 빠사트까 나 사말료트

탑승권을 보여 주세요.

Покажи́те ваш поса́дочный тало́н.

빠까즈쩨 바쉬 빠사다츠느이 딸론

세관

세관 신고서를 작성해 주세요.

Запо́лните тамо́женную деклара́цию.

자뽈르니쩨 따모즈누유 지클라라쯔유

세관 신고서를 보여 주세요.

Покажи́те ва́шу тамо́женную деклара́цию.

빠까즈쩨 바슈 따모즈누유 지클라라쯔유

신고할 것이 있습니까?

У вас есть предме́ты, подлежа́щие деклари́рованию?

우 바스 예스찌 쁘리드몌뜨, 빠들리자쒸예
지클라리라바니유?

금지된 물품이 있습니까?

Есть ли у вас предме́ты, запрещённые для перево́зки?

예스찌 리 우 바스 쁘리드몌뜨 자프리쑈느예 들랴 삐리보스끼?

신고할 것은 없습니다.

Мне не́чего деклари́ровать.

므녜 녜치바 지클라리라바찌

У меня́ нет ничего́, что ну́жно деклари́ровать.

우 미냐 몐트 니치보, 쉬또 누즈나 지클라리라바찌

면세점

면세점은 어디 있나요?

Где нахо́дится магази́н беспо́шлинной торго́вли?

그졔 나호지짜 마가진 비스뽀쉴리나이 따르고블리?

탑승까지 아직 시간이 많아. 면세점에 들르자.

До поса́дки ещё мно́го вре́мени. Дава́й зайдём в дью́ти-фри.
다 빠사트끼 이쑈 므노가 브레미니. 다바이 자이죰 브 지유찌프리

면세점에서 선물을 사고 싶어요.

Я хочу́ купи́ть пода́рки в дью́ти-фри.
야 하추 꾸삐찌 빠다르끼 브 지유찌프리

면세점에서 조금 더 싸게 살 수 있어요.

В дью́ти-фри мо́жно купи́ть подеше́вле.
브 지유찌프리 모즈나 꾸삐찌 빠지셰블례

여권과 탑승권을 보여 주세요.

Покажи́те ваш загранпа́спорт и поса́дочный тало́н.
빠까즈쩨 바쉬 자그란빠스빠르트 이 빠사다츠느이 딸론

입국 심사

여권과 입국 신고서를 보여 주세요.

Покажи́те ваш па́спорт и миграцио́нную ка́рту.
빠까즈쩨 바쉬 빠스빠르트 이 미그라쯔오누유
까르뚜

국적은 어디입니까?

Ва́ше гражда́нство?
바셰 그라즈단스트바?

러시아 방문 목적은 무엇입니까?

Цель ва́шего въе́зда в Росси́ю?
쩰 바쉬바 브예즈다 브 라시유?

관광차 왔습니다.

Я прие́хал(а) с це́лью тури́зма.
야 쁘리예할(라) 스 쩰리유 뚜리즈마

공부 목적으로 왔습니다.

Я прие́хал(а) с це́лью учёбы.

야 쁘리예할(라) 스 쩰리유 우쵸브

얼마나 오래 머무를 예정입니까?

На како́й срок вы прие́хали?

나 까꼬이 스로크 브 쁘리예할리?

입국 신고서를 러시아에서 출국할 때까지
보관하셔야 합니다.

Ну́жно сохрани́ть миграцио́нную ка́рту до вы́езда из Росси́и.

누즈나 사흐라니찌 미그라쯔오누유 까르뚜 다
브이즈다 이즈 라시이

출국 심사

지금은 여권 심사를 받으려고 순서를 기다리고 있어요.

Я сейча́с стою́ в о́череди в па́спортный контро́ль.

야 시차스 스따유 브 오치리지 프 빠스빠르트느이 깐트롤

외국인 여권 심사는 어디서 해요?

Где нахо́дится па́спортный контро́ль для иностра́нцев?

그제 나호지짜 빠스빠르트느이 깐트롤 들랴 이나스트란쩨ㅍ?

여권을 보여 주세요.

Покажи́те ваш па́спорт.

빠까즈쩨 바쉬 빠스빠르트

출국 신고서를 작성하셨나요?

Вы запо́лнили миграцио́нную ка́рту?

브 자뿔르닐리 미그라쯔오누유 까르뚜?

어디로 가십니까?

Куда́ вы направля́етесь?

꾸다 브 나프라블랴이찌시?

보안 검사

겉옷과 주머니 속 내용물을 바구니에 넣으세요.

Сложи́те содержи́мое карма́нов и ве́рхнюю оде́жду в корзи́ну.

슬라즈쩨 사지르즈마예 까르마나ㅍ 이 베르흐뉴유 아졔즈두 프 까르지누

가방을 검사대에 올리세요.

Поста́вьте су́мку на контро́льную ле́нту.

빠스따피쪠 숨꾸 나 깐트롤리누유 렌뚜

신발을 벗고 바구니에 넣으세요.

Сними́те о́бувь и поста́вьте в корзи́ну.

스니미쩨 오부피 이 빠스따피쩨 프 까르지누

보안 검사대에서 금속 탐지기를 통과해야 합니다.

В пу́нкте контро́ля безопа́сности ну́жно проходи́ть че́рез металлодете́ктор.

프 뿐크쩨 깐트롤랴 비자빠스나스찌 누즈나
쁘라하지찌 체리스 메딸라지쩨크따ㄹ

개봉된 음료수 병을 가져가시면 안 됩니다.

Откры́тую буты́лку с со́ком проноси́ть нельзя́.

아트크르뚜유 부뜰꾸 스 소깜 쁘라나시찌 닐쟈

짐 찾기

제 짐을 찾으려면 어디로 가야 합니까?

Где я могу́ получи́ть свой бага́ж?

그제 야 마구 빨루치찌 스보이 바가쉬?

수하물 찾는 곳은 어디에 있습니까?

Где нахо́дится зо́на вы́дачи багажа́?

그제 나호지짜 조나 브다치 바가자?

수하물 찾는 곳이 어디인지 전광판에서 보시면 됩니다.

Вы мо́жете посмотре́ть на информацио́нном табло́, где вам получа́ть бага́ж.

브 모즈쩨 빠스마트례찌 나 인파르마쯔오남 따블로.
그제 밤 빨루차찌 바가쉬

제 가방이 보이지 않아요.

Я не ви́жу свою́ су́мку.

야 니 비주 스바우 숨꾸

짐을 아직 다 내리지 못했어요.
조금 기다려야 해요.

Бага́ж ещё не вы́грузили.
Ну́жно подожда́ть.

바가쉬 이쑈 니 브그루질리.
누즈나 빠다즈다찌

카트를 끌고 오자.

Дава́й возьмём теле́жку.

다바이 바지묨 찔례쉬꾸

마중

누가 저를 마중 나와요?

Кто бу́дет меня́ встреча́ть в аэропорту́?

끄또 부지트 미냐 프스트리차찌 브 아에라빠르뚜?

Кто прие́дет за мной в аэропо́рт?

끄또 쁘리예지트 자 므노이 브 아에라빠르트?

내가 공항에 너를 마중 나갈게.

Я тебя́ встре́чу в аэропорту́.

야 찌뱌 프스트례추 브 아에라빠르뚜

저희 직원이 마중 나갈 겁니다.

Вас встре́тит наш сотру́дник.

바스 프스트례찌트 나쉬 사트루드니크

마중 나올 직원 이름이 뭐예요?

Как зову́т сотру́дника, кото́рый бу́дет меня́ встреча́ть?

까크 자부트 사트루드니까, 까또르이 부지트 미냐
프스트리차찌?

나 마중 나오지 마. 내가 알아서 갈게.

**Не на́до меня́ встреча́ть.
Я сам(сама́) прие́ду.**

니 나다 미냐 프스트리차찌. 야 삼(사마) 쁘리예두

공항 기타

저는 모스크바를 경유해서 갑니다.

Я лечу́ с переса́дкой че́рез Москву́.

야 리추 스 뻬리사트까이 체리즈 마스크부

저는 경유로 가는데 짐을 어디서 찾아야 합니까?

Я лечу́ с переса́дкой. Где мне ну́жно получи́ть бага́ж?

야 리추 스 뻬리사트까이. 그제 므녜 누즈나
빨루치찌 바가쉬?

모스크바행 직항이 있어요?

У вас есть прямо́й рейс до Москвы́?

우 바스 예스찌 쁘리모이 레이스 다 마스크브?

직항 티켓이 없어요.

Биле́тов на прямо́й рейс нет.

빌례따ㅍ 나 쁘리모이 레이스 녜트

경유 티켓으로 하시면 됩니다.

Вы мо́жете взять биле́т с переса́дкой.

브 모즈쩨 브쟈찌 블례트 스 뻬리사트까이

날씨 때문에 비행기가 연착되었어요.

Наш рейс задержа́ли из-за непого́ды.

나쉬 레이스 자지르잘리 이자 니빠고드

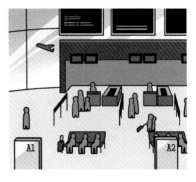

좌석 찾기 & 이륙 준비

탑승권을 보여 주세요.

Покажи́те ваш поса́дочный тало́н.
빠까즈쩨 바쉬 빠사다츠느이 딸론

좌석을 안내해 드리겠습니다.

Я помогу́ вам найти́ ва́ше ме́сто.
야 빠마구 밤 나이찌 바셰 메스따

좌석은 이쪽에 있습니다.

Ва́ше ме́сто нахо́дится здесь.
바셰 메스따 나호지짜 즈제시

지나갈게요. 제 좌석은 창문 쪽입니다.

Разреши́те пройти́.
Моё ме́сто у окна́.
라즈리쉬쩨 쁘라이찌. 마요 메스따 우 아크나

418

죄송하지만, 제 좌석입니다.

Извини́те, э́то ме́сто моё.
이즈비니쩨, 에따 메스따 마요

죄송합니다, 좌석을 잘못 봤습니다.

Извини́те, я перепу́тал(а) ме́сто.
이즈비니쩨, 야 뻬리뿌딸(라) 메스따

짐을 좌석 위 짐칸에 올리세요.

Поста́вьте су́мку в ве́рхнее отделе́ние над сиде́ньем.
빠스따피쩨 숨꾸 브 베르흐녜예 아질례니예 나트 시졔니옘

기내에서

안전벨트를 매 주십시오.

Пристегни́те ремни́ безопа́сности.
쁘리스찌그니쩨 림니 비자빠스나스찌

419

위생 봉투를 좀 갖다주세요.

Принеси́те, пожа́луйста, гигиени́ческий паке́т.
쁘리니시쩨, 빠잘루스따, 기기이니치스끼 빠꼐트

담요를 좀 갖다주세요.

Принеси́те, пожа́луйста, плед.
쁘리니시쩨, 빠잘루스따, 쁠례트

창문 덮개를 올려 주세요.

Подними́те што́рку иллюмина́тора.
빠드니미쩨 쉬또르꾸 일류미나따라

좌석 등받이를 세워 주세요.

Приведи́те кре́сла в вертика́льное положе́ние.
쁘리비지쩨 끄례슬라 브 비르찌깔리나예 빨라제니예

착륙할 때까지 시간이 얼마나 남았습니까?

Ско́лько ещё оста́лось до поса́дки?

스꼴까 이쑈 아스딸라시 다 빠사뜨끼?

기내식

좌석 테이블을 내려 주세요.

Опусти́те, пожа́луйста, сто́лик для еды́.

아뿌스찌쩨, 빠잘루스따, 스똘리ㅋ 들랴 이드

음료수는 무엇으로 하시겠습니까?

Что вы жела́ете из напи́тков?

쉬또 브 즐라이쩨 이즈 나삐트까ㅍ?

주스는 어떤 게 있어요?

Каки́е со́ки у вас есть?

까끼예 수끼 우 바ㅅ 예스찌?

사과 주스와 오렌지 주스 그리고 토마토 주스가 있습니다.

У нас есть я́блочный, апельси́новый и тома́тный со́ки.

우 나스 예스찌 야블라츠느이, 아뼬시나브이 이 따마트느이 소끼

물 한 컵 주세요.

Да́йте, пожа́луйста, стака́н воды́.

다이쩨, 빠잘루스따, 스따깐 바드

생선과 닭고기 중 무엇을 드릴까요?

Вам ры́бу и́ли ку́рицу?

밤 르부 일리 꾸리쭈?

생선으로 주세요.

Ры́бу, пожа́луйста.

르부, 빠잘루스따

422

기내 기타

기내식 트레이를 전달해 주세요.

Передайте, пожалуйста, поднос.
삐리다이쩨. 빠잘루스따. 빠드노스

기내식 트레이를 치워 주세요.

Заберите, пожалуйста, поднос.
자비리쩨. 빠잘루스따. 빠드노스

배시넷(아기 침대)을 신청했는데요.

Мы заказывали люльку для ребёнка.
므 자까즈발리 률리꾸 들랴 리본까

아기 침대를 치워 주세요. 더 이상 필요 없을 것 같아요.

Пожа́луйста, убери́те лю́льку для ребёнка. Она́ нам бо́льше не нужна́.

빠잘루스따. 우비리쩨 률리꾸 들랴 리본까. 아나 남 볼셰 니 누즈나

어린이 기내식을 신청했는데요.

Мы зака́зывали де́тское пита́ние.

므 자까즈발리 제쯔까예 삐따니예

출입국 신고서 한 장 주세요.

Да́йте, пожа́луйста, миграцио́нную ка́рту.

다이쩨. 빠잘루스따. 미그라쯔오누유 까르뚜

기차표 구입

모스크바행 기차표 한 장 주세요.

Да́йте оди́н биле́т до Москвы́.

다이쪠 아진 빌롙 다 마스크브

모스크바행 가장 빠른 시간의 열차가 몇 시에 있습니까?

Во ско́лько са́мый ближа́йший по́езд в Москву́?

바 스꼴까 사므이 블리자이쉬 뽀이슽 브 마스크부?

이르쿠츠크행 열차표 어른 두 장, 어린이 한 장 주세요.

Да́йте два взро́слых биле́та и оди́н де́тский до Ирку́тска.

다이쪠 드바 브즈로슬릏 빌례따 이 아진 제쯔끼 다 이르꾸쯔까

하바롭스크에서 이르쿠츠크로, 9월 15일에 도착하는 기차표를 주세요.

Да́йте биле́т из Хаба́ровска в Ирку́тск на по́езд, кото́рый прибыва́ет в Ирку́тск пятна́дцатого сентября́.

다이쩨 빌례트 이스 하바라프스까 브 이르꾸쯔크 나 뽀이스트, 까또르이 쁘리브바이트 브 이르꾸쯔크 뻬트나짜따바 신찌브랴

2등 침대석 두 장 주세요.

Да́йте два биле́та в купе́.

다이쩨 드바 빌례따 프 꾸뻬

기차 타기

기차는 몇 시에 출발합니까?

В кото́ром часу́ отправля́ется по́езд?

프 까또람 치수 아트프라블랴이짜 뽀이스트?

426

가차는 2시에 출발합니다.

По́езд отправля́ется в два часа́.

뽀이스트 아트프라블랴이짜 브 드바 치사

몇 번 선로에서 기차가 출발합니까?

С како́го пути́ отправля́ется по́езд?

스 까꼬바 뿌찌 아트프라블랴이짜 뽀이스트?

기차는 5번 선로에서 출발합니다.

По́езд отправля́ется с пя́того пути́.

뽀이스트 아트프라블랴이짜 스 빠따바 뿌찌

실례합니다. 5번 선로가 어디에 있습니까?

Извини́те, где нахо́дится путь но́мер 5(пять)?

이즈비니쩨, 그졔 나호지짜 뿌찌 노미르 빠찌?

말씀 좀 여쭙겠습니다. 이 기차는 모스크바로 가는 게 맞습니까?

Скажи́те, пожа́луйста, э́тот по́езд отправля́ется в Москву́?

스까즈쩨, 빠잘루스따. 에따트 뽀이스트 아트프라블랴이짜 브 마스크부?

객차에서

실례합니다. 자리를 못 찾겠습니다.

Извини́те, я не могу́ найти́ своё ме́сто.

이즈비니쩨. 야 니 마구 나이찌 스바요 메스따

22번 좌석이 어딘가요?

Где нахо́дится ме́сто 22(два́дцать два)?

그제 나호지짜 메스따 드바짜찌 드바?

실례지만, 여기 제 자리인데요.

Извини́те, это моё ме́сто.
이즈비니쩨, 에따 마요 메스따

기차표 검사가 있겠습니다.

Сейча́с бу́дет прове́рка биле́тов.
시차스 부지ㅌ 쁘라볘르까 빌례따ㅍ

기차표를 보여 주세요.

Покажи́те ваш биле́т.
빠까즈쩨 바쉬 빌례ㅌ

이 역에서 얼마 동안 기차가 정차할 예정입니까?

Ско́лько по́езд бу́дет стоя́ть на э́той ста́нции?
스꼴까 뽀이스ㅌ 부지ㅌ 스따야찌 나 에따이 스딴쯔이?

목적지에 내리기

기차가 '옴스크'역에 도착합니다.

По́езд приближа́ется к ста́нции «Омск».

뽀이스트 쁘리블리자이짜 크 스딴쯔이 '옴스ㅋ'

다음 역이 뭐예요?

Кака́я ста́нция сле́дующая?

까까야 스딴쯔야 슬례두쌰야?

Кака́я ста́нция бу́дет сле́дующей?

까까야 스딴쯔야 부지트 슬례두쎄이?

얼마 후에 '옴스크'역에 도착합니까?

Че́рез ско́лько вре́мени мы прибыва́ем на ста́нцию «Омск»?

체리스 스꼴까 브레미니 므 쁘리브바임 나 스딴쯔유 '옴스ㅋ'?

430

열차가 10분 후 '옴스크'역에 도착합니다.

По́езд бу́дет на ста́нции «Омск» че́рез де́сять мину́т.

뽀이스ㅌ 부지ㅌ 나 스딴쯔이 '옴스ㅋ' 체리ㅈ 졔시찌
미누ㅌ

승객 여러분! 두고 내리시는 물건이 없는지
확인하시기 바랍니다.

Уважа́емые пассажи́ры! При вы́ходе из по́езда не забыва́йте свои́ ве́щи.

우바자이므예 빠사즈르! 쁘리 브하졔 이스 뽀이즈다
니 자브바이쩨 스바이 볘쒸

숙박 시설 예약

인터넷으로 호텔 방을 예약했어요.

Я заброни́ровал(а) но́мер в гости́нице че́рез Интерне́т.
야 자브라니라발(라) 노미ㄹ 브 가스찌니쩨 체리즈 인떼르네트

중심지에 가까운 호텔을 찾고 싶어요.

Я хочу́ найти́ гости́ницу побли́же к це́нтру.
야 하추 나이찌 가스찌니쭈 빠블리제 크 쩬트루

호텔 방을 예약하고 싶은데요.

Я хочу́ заброни́ровать но́мер.
야 하추 자브라니라바찌 노미ㄹ

빈방이 있습니까?

У вас есть свобо́дные номера́?
우 바스 예스찌 스바보드느예 나미라?

432

언제쯤 묵으실 예정입니까?

Когда́ вы хоти́те останови́ться у нас?

까그다 브 하찌쩨 아스따나비짜 우 나스?

며칠 날짜로 방 예약을 원하십니까?

На како́е число́ вы хоти́те заброни́ровать но́мер?

나 까꼬예 치슬로 브 하찌쩨 자브라니라바찌 노미르?

며칠 묵으실 겁니까?

На ско́лько вы хоти́те останови́ться?

나 스꼴까 브 하찌쩨 아스따나비짜?

3일 묵을 겁니다.

Я остановлю́сь на три дня.

야 아스따나블류시 나 뜨리 드냐

어떤 방을 원하십니까?

Како́й но́мер вы жела́ете?

까꼬이 노미르 브 즐라이쩨?

싱글룸이 필요합니다.

Мне ну́жен одноме́стный но́мер.

므녜 누즌 아드나몌스느이 노미르

하루 숙박비는 얼마인가요?

Ско́лько сто́ит но́мер за су́тки?

스꼴까 스또이트 노미르 자 수트끼?

조금 더 저렴한 방이 있습니까?

У вас есть номера́ подеше́вле?

우 바스 예스찌 나미라 빠지셰블례?

방에 인터넷 연결되어 있나요?

В но́мере есть до́ступ к
Интерне́ту?

브 노미례 예스찌 도스뚜ㅍ 크 인떼르네뚜?

체크인

호텔 방이 예약되어 있어요.

У меня́ заброни́рован но́мер.
우 미냐 자브라니라반 노미ㄹ

성함이 어떻게 되세요? 여권을 보여 주세요.

Ва́ше и́мя. Ваш па́спорт.
바셰 이먀. 바쉬 빠스빠르트

체크인 신청서를 기입해 주세요.

Запо́лните регистрацио́нный листо́к.
자뽈르니쩨 리기스트라쯔오느이 리스또ㅋ

오후 2시에 체크인하실 수 있습니다.

В но́мер вы мо́жете засели́ться в два часа́ дня.
브 노미ㄹ 브 모즈쩨 자실리짜 브 드바 치사 드냐

조금 더 일찍 체크인할 수 있나요?

Мо́жно въе́хать в но́мер пора́ньше?

모즈나 브예하찌 브 노미르 빠라니셰?

손님 방 열쇠는 여기 있습니다.

Вот ключ от ва́шего но́мера.

보트 끌류츠 아트 바쉬바 노미라

조식은 몇 시에 있어요?

В кото́ром часу́ за́втрак?

프 까또람 치수 자프트라ㅋ?

체크아웃

몇 시에 체크아웃해야 합니까?

В кото́ром часу́ ну́жно вы́ехать из но́мера?

프 까또람 치수 누즈나 브이하찌 이즈 노미라?

12시에 체크아웃하셔야 합니다.

Вы должны́ освободи́ть но́мер в двена́дцать часо́в.
브 달즈느 아스바바지찌 노미ㄹ 브 드비나짜찌 치소ㅍ

체크아웃하려고 하는데요.

Я хочу́ вы́писаться из но́мера.
야 하추 브뻬사짜 이즈 노미라

12시 이전까지 체크아웃하셔야 합니다.

Вы должны́ вы́ехать из но́мера не поздне́е двена́дцати часо́в.
브 달즈느 브이하찌 이즈 노미라 니 빠즈녜예 드비나짜찌 치소ㅍ

예정보다 하루 일찍 체크아웃 가능한가요?

Мо́жно вы́писаться из но́мера на су́тки ра́ньше сро́ка?
모즈나 브뻬사짜 이즈 노미라 나 수트끼 라니쎄 스로까?

하룻밤 더 묵을 수 있나요?

Мо́жно ещё оста́ться в но́мере на су́тки?

모즈나 이쑈 아스따짜 브 노미례 나 수트끼?

숙박 시설 이용

공항으로 트렌스퍼 서비스가 있나요?

У вас есть услу́га тра́нсфера в аэропо́рт?

우 바스 예스찌 우슬루가 뜨란스피라 브
아에라뽀르트?

세탁 서비스 이용하고 싶은데요.

Я хочу́ воспо́льзоваться услу́гой пра́чечной.

야 하추 바스뽈자바짜 우슬루가이 쁘라치츠나이

택시를 좀 불러 주세요.

Вы́зовите, пожа́луйста, такси́ для меня́.

브자비쩨. 빠잘루스따. 따크시 들랴 미냐

7시에 모닝콜을 해 주세요.

Разбуди́те, пожа́луйста, меня́ в семь часо́в утра́.

라즈부지쩨. 빠잘루스따. 미냐 프 셈 치소ㅍ 우트라

호텔에 짐 보관 서비스가 있나요?

У вас есть услу́га ка́меры хране́ния багажа́?

우 바스 예스찌 우슬루가 까미르 흐라녜니야 바가자?

룸서비스를 주문하고 싶은데요.

Я хочу́ заказа́ть рум-се́рвис.

야 하추 자까자찌 룸세르비스

숙박 시설 트러블

열쇠를 방에 두고 왔습니다.

Я оста́вил(а) свой ключ в но́мере.
야 아스따빌(라) 스보이 끌류ㅊ 브 노미례

옆방이 너무 시끄러워요.

В сосе́днем но́мере о́чень шу́мно.
프 사세드넴 노미례 오친 슘나

뜨거운 물이 나오지 않아요.

Не идёт горя́чая вода́.
니 이죠ㅌ 가랴차야 바다

방이 너무 춥습니다.

В но́мере о́чень хо́лодно.
브 노미례 오친 홀라드나

변기가 막혔어요.

Унита́з заби́т.

우니따ㅅ 자비ㅌ

방에 에어컨이 작동 안 돼요.

В но́мере не рабо́тает кондиционе́р.

브 노미례 니 라보따이ㅌ 깐지쯔아녜ㄹ

방에 청소를 제대로 안 해요.

В но́мере пло́хо убира́ют.

브 노미례 쁠로하 우비라유ㅌ

관광 안내소

관광 안내소는 어디에 있나요?

Где нахо́дится тури́стско-информацио́нный центр?
그제 나호지짜 뚜리스트까인파르마쯔오느이 쩬트르?

도시 관광 지도를 얻을 수 있나요?

Мо́жно получи́ть ка́рту достопримеча́тельностей го́рода?
모즈나 빨루치찌 까르뚜
따스따프리미차찔리나스쩨이 고라다?

도시에 있는 박물관에 관한 정보를 얻을 수 있나요?

Мо́жно получи́ть информа́цию о музе́ях го́рода?
모즈나 빨루치찌 인파르마쯔유 아 무제야ㅎ 고라다?

442

이번 주에 재미있는 행사가 있나요?

На э́той неде́ле есть каки́е-нибудь интере́сные мероприя́тия?

나 에따이 니젤례 예스찌 까끼예니부찌 인찌례스느예 미라프리야찌야?

비싸지 않은 호텔을 추천해 주실 수 있나요?

Каку́ю недорогу́ю гости́ницу вы могли́ бы порекомендова́ть?

까꾸유 니다라구유 가스찌니쭈 브 마글리 브 빠리까민다바찌?

투어

관광 프로그램은 어떤 것이 있나요?

Каки́е экскурсио́нные програ́ммы у вас есть?

까끼예 에크스꾸르시오느예 쁘라그라므 우 바스 예스찌?

당일 관광이 있습니까?

У вас есть однодне́вная экску́рсия?

우 바스 예스찌 아드나드녜브나야 에크스꾸르시야?

관광은 몇 시에 어디에서 출발합니까?

В кото́ром часу́ и отку́да отправля́ется экску́рсия?

프 까또람 치수 이 아트꾸다 아트프라블랴이짜 에크스꾸르시야?

관광은 몇 시에 돌아오나요?

В кото́ром часу́ возвраща́ется экску́рсия?

프 까또람 치수 바즈브라쌰이짜 에크스꾸르시야?

관광 요금은 1인당 얼마인가요?

Ско́лько сто́ит экску́рсия на одного́ челове́ка?

스꼴까 스또이트 에크스꾸르시야 나 아드나보 칠라볘까?

가이드가 동반하는 관광입니까?

Э́то экску́рсия с ги́дом?

에따 에크스꾸르시야 스 기담?

입장권을 살 때

티켓을 어디서 살 수 있나요?

Где мо́жно купи́ть биле́т?

그졔 모즈나 꾸삐찌 빌례뜨?

입장료는 얼마인가요?

Ско́лько сто́ит вход?

스꼴까 스또이뜨 프호뜨?

어린이 입장료는 얼마예요?

Ско́лько сто́ит вход для ребёнка?

스꼴까 스또이뜨 프호뜨 들랴 리뵨까?

입장권 어른 2장, 어린이 1장 주세요.

Да́йте два взро́слых биле́та и оди́н де́тский.

다이쩨 드바 브즈로슬르ㅎ 빌례따 이 아진 졔쯔끼

3시 티켓으로 두 장 주세요.

Да́йте два биле́та на три часа́.

다이쩨 드바 빌례따 나 뜨리 치사

대학생 할인이 되나요?

У вас есть ски́дки для студе́нтов?

우 바스 예스찌 스끼트끼 들랴 스뚜젠따ㅍ?

단체 티켓을 구매하면 할인이 있나요?

У вас есть ски́дки на групповы́е биле́ты?

우 바스 예스찌 스끼트끼 나 그루빠브예 빌례뜨?

관람

정말 아름다운 곳이네요!

Како́е краси́вое ме́сто!
까꼬예 끄라시바예 몌스따!

Кака́я красоти́ща!
까까야 끄라사찌쨔!

기념품 가게는 어디 있나요?

Где нахо́дится магази́н сувени́ров?
그졔 나호지짜 마가진 수비니라ㅍ?

여기에서 사진 찍어도 되나요?

Здесь мо́жно фотографи́ровать?
즈졔시 모즈나 파따그라피라바찌?

여기는 사진 촬영 금지입니다.

Здесь запрещено́ фотографи́ровать.
즈졔시 자프리쒸노 파따그라피라바찌

출구는 어디인가요?

Где нахо́дится вы́ход?

그제 나호지짜 브하ㅌ?

안에 무엇이 있나요?

Что нахо́дится внутри́?

쉬또 나호지짜 브누트리?

길 묻기

크렘린 궁전 입구가 어디에 있나요?

Где нахо́дится вход в Кремль?

그제 나호지짜 프호ㅌ 프 끄례믈?

볼쇼이 극장까지 어떻게 갈 수 있나요?

Как дойти́ до Большо́го теа́тра?

까ㅋ 다이찌 다 발쇼바 찌아트라?

죄송하지만, 이 거리 이름이 뭐예요?

Извини́те, как называ́ется э́та у́лица?

이즈비니쩨, 까ㅋ 나즈바이짜 에따 울리짜?

죄송해요. 저도 여기 처음이에요.

Извини́те, я сам(сама́) здесь пе́рвый раз.

이즈비니쩨, 야 삼(사마) 즈제시 뻬르브이 라ㅅ

기차역까지 어떻게 갈 수 있나요?

Как мне дое́хать до вокза́ла?

까ㅋ 므녜 다예하찌 다 바그잘라?

공항까지 어떻게 갈 수 있나요?

Как мо́жно дое́хать до аэропо́рта?

까ㅋ 모즈나 다예하찌 다 아에라뽀르따?

제 위치를 지도에서 보여 주실 수 있나요?

Покажи́те, пожа́луйста, на ка́рте, где я сейча́с нахожу́сь?

빠까즈쩨. 빠잘루스따. 나 까르쩨. 그졔 야 시차스 나하주시?

극장까지 얼마나 더 가야 하나요?

Ско́лько ещё идти́ до теа́тра?

스꼴까 이쑈 이찌 다 찌아트라?

극장까지 걸어서 갈 수 있나요?

Мо́жно дойти́ до теа́тра пешко́м?

모즈나 다이찌 다 찌아트라 뻬쉬꼼?

이 주소까지는 어떻게 갈 수 있나요?

Как дойти́ до э́того а́дреса?

까ㅋ 다이찌 다 에따바 아드리사?

곧장 가서 첫 번째 사거리에서 왼쪽으로 돌리세요.

Иди́те пря́мо и поверни́те нале́во на пе́рвом перекрёстке.

이지쩨 쁘랴마 이 빠비르니쩨 날례바 나 뻬르밤
뻬리크료스트꼐

이 근처에 지하철역이 어디 있나요?

Здесь есть побли́зости ста́нция метро́?

즈졔시 예스찌 빠블리자스찌 스딴쯔야 미트로?

INFORMATION

기차

앉아서 가는 좌석으로 표 1장 주세요.

Да́йте биле́т в сидя́чий ваго́н.
다이쩨 빌례트 프 시쟈치 바곤

3등 침대석 위층으로 표 1장 주세요.

Да́йте биле́т в плацка́ртный ваго́н на ве́рхнюю по́лку.
다이쩨 빌례트 프 쁠라쯔까르트느이 바곤 나
베르흐뉴유 뽈꾸

상트페테르부르크행 열차의 배차 간격은 어떻게 되나요?

С каки́м интерва́лом хо́дят поезда́ до Санкт-Петербу́рга?
스 까낌 인떼르발람 호쟈트 빠이즈다 다
산크트뻬찌르부르가?

첫차가 몇 시에 출발합니까?

В кото́ром часу́ отправля́ется пе́рвый по́езд?

프 까또람 치수 아트프라블랴이짜 뼤르브이 뽀이스트?

막차가 몇 시에 출발합니까?

В кото́ром часу́ отправля́ется после́дний по́езд?

프 까또람 치수 아트프라블랴이짜 빠슬레드니 뽀이스트?

고속 열차를 타고 가자.

Дава́й пое́дем на скоростно́м по́езде.

다바이 빠예짐 나 스까라스놈 뽀이즈졔

지하철

지하철 이용권을 어디에서 살 수 있나요?

Где мо́жно купи́ть биле́т в метро́?

그졔 모즈나 꾸뻬찌 빌례트 브 미트로?

1회 승차권이 얼마예요?

Ско́лько сто́ит одна́ пое́здка?

스꼴까 스또이트 아드나 빠예스트까?

2회 승차권을 주세요.

Да́йте биле́т на две пое́здки.

다이쩨 빌례트 나 드볘 빠예스트끼

'통합' 승차권을 주세요.

Да́йте «Еди́ный» проездно́й биле́т.

다이쩨 '이지느이' 쁘라이즈노이 빌례트

지하철 노선 지도를 어디서 구할 수 있나요?

Где мо́жно доста́ть ка́рту метро́?

그제 모즈나 다스따찌 까르뚜 미트로?

주황색 노선으로 갈아타는 곳이 어디에요?

Где перехо́д на ора́нжевую ли́нию?

그제 뻬리호ㅌ 나 아란즈부유 리니유?

버스

가장 가까운 거리의 버스 정류장이 어디에 있어요?

Где ближа́йшая авто́бусная остано́вка?

그제 블리자이샤야 아프또부스나야 아스따노프까?

이 버스는 공항까지 갑니까?

Э́тот авто́бус идёт до аэропо́рта?

에따ㅌ 아프또부ㅅ 이죠ㅌ 다 아에라뽀르따?

공항 가려면 몇 번 버스를 타야 하나요?

На како́м авто́бусе мо́жно дое́хать до аэропо́рта?

나 까꼼 아프또부세 모즈나 다예하찌 다 아에라뽀르따?

버스가 벌써 끊겼어요.

Авто́бусы уже́ не хо́дят.

아프또부스 우제 니 호쟈ㅌ

내리십니까?

Вы не выхо́дите?

브 니 브호지쩨?

다음 정류장이 종점이에요.

Сле́дующая остано́вка после́дняя.

슬레두쌰야 아스따노프까 빠슬레드냐야

선박

여객선을 타고 배 여행을 가고 싶어요.

Я хочу́ пое́хать в круи́з на теплохо́де.

야 하추 빠예하찌 프 끄루이스 나 찌플라호제

가장 빠른 시간의 여객선이 언제예요?

Когда́ ближа́йший рейс на теплохо́де?

까그다 블리자이쉬 레이스 나 찌플라호제?

여객선 티켓 두 장 주세요.

Да́йте два биле́та на теплохо́д.

다이쩨 드바 빌례따 나 찌플라호트

저는 배를 타면 뱃멀미를 해요.

Меня́ ука́чивает на теплохо́де.

미냐 우까치바이트 나 찌플라호제

\# 섬까지 가려면 시간이 얼마나 걸려요?

Ско́лько вре́мени ну́жно плыть до о́строва?

스꼴까 브례미니 누즈나 쁠르찌 다 오스트라바?

\# 페리 탑승은 무료입니다.

Перево́зка на паро́ме беспла́тна.

뻬리보스까 나 빠로몌 비스쁠라트나

택시

\# 안녕하세요. 택시 예약해도 돼요?

Здра́вствуйте, мо́жно заказа́ть такси́?

즈드라스트부이쩨, 모즈나 자까자찌 따크시?

\# 택시를 좀 보내 주세요.

Пришли́те, пожа́луйста, такси́.

쁘리쉴리쩨, 빠잘루스따, 따크시

택시를 부르려고 하는데요.

Я хочу́ вы́звать такси́.
야 하추 브즈바찌 다크시

계시는 곳 주소가 어떻게 됩니까?

По како́му а́дресу вы нахо́дитесь?
빠 까꼬무 아드리수 브 나호지찌시?

어떤 주소로 택시를 보내 드릴까요?

На како́й а́дрес вам вы́слать маши́ну?
나 까꼬이 아드리스 밤 브슬라찌 마쉬누?

제 주소는 쩬트랄리나야로, 9동, 3번 출입구예요.

Мой а́дрес: у́лица Центра́льная, дом 9(де́вять), тре́тий подъе́зд.
모이 아드리스: 울리짜 쯘트랄리나야,
돔 졔비찌, 뜨례찌 빠드예스트

어디로 가십니까?

Куда́ вы направля́етесь?

꾸다 브 나프라블랴이찌시?

택시를 5시까지 부를 수 있을까요?

Мо́жно вы́звать такси́ к пяти́ часа́м?

모즈나 브즈바찌 따크시 크 삐찌 치삼?

얼마 후에 차가 도착합니까?

Че́рез ско́лько прие́дет маши́на?

체리ㅅ 스꼴까 쁘리예지ㅌ 마쉬나?

택시 요금이 얼마예요?

Ско́лько сто́ит прое́зд?

스꼴까 스또이ㅌ 쁘라예스ㅌ?

차가 도착하면 택시 기사님이 손님께 연락드릴 겁니다.

Когда́ маши́на подъе́дет, вам позвони́т води́тель.

까그다 마쉬나 빠드예지ㅌ, 밤 빠즈바니ㅌ 바지찔

택시 관련 정보를 손님 휴대폰으로 보내 드리겠습니다.

Мы вы́шлем да́нные маши́ны вам на телефо́н.

므 브쉴림 다느예 마쉬느 밤 나 찔리폰

Глава 5
위급할 땐 이렇게!

응급 상황

응급 상황이에요.

Это экстренный случай.
에따 에크스트리느이 슬루치

사고예요.

Это авария.
에따 아바리야

도와주세요!

Помогите!
빠마기쩨!

살려 주세요!

Спасите!
스빠시쩨!

조심하세요!

Осторо́жно!
아스따로즈나!

Береги́тесь!
비리기찌시!

위험해요!

Опа́сно!
아빠스나!

저는 도움이 필요해요.

Мне нужна́ по́мощь.
므녜 누즈나 뽀마쒸

저는 다쳤어요.

Я получи́л(а) тра́вму.
야 빨루칠(라) 뜨라브무

여기서 빨리 대피해야 해요.

Ну́жно бы́стро вы́браться отсю́да.
누즈나 브스트라 브브라짜 아트슈다

어서 모두 실내에서 빠져나가세요!

Сро́чно всем поки́нуть помеще́ние!

스로츠나 브셈 빠끼누찌 빠미쎼니예!

차가 사람을 쳤어요.

Маши́на сби́ла челове́ка.

마쉬나 스빌라 칠라볘까

차가 전봇대를 받았어요.

Маши́на вруби́лась в столб.

마쉬나 브루빌라시 프 스똘ㅍ

구급차를 불러 주세요.

Вы́зовите ско́рую по́мощь.

브자비쩨 스꼬루유 뽀마쒸

경찰을 불러 주세요.

Вы́зовите поли́цию.

브자비쩨 빨리쯔유

심폐 소생술을 해야 해요.

Ну́жно сде́лать иску́сственное дыха́ние.

누즈나 즈젤라찌 이스꾸스트비나예 드하니예

아무것도 손대지 마세요!

Ничего́ не тро́гайте!

니치보 니 뜨로가이쩨!

구급차

구급차를 보내 주세요.

Пришли́те ско́рую по́мощь.

쁘리쉴리쩨 스꼬루유 뽀마쒸

주소를 불러 주세요.

Назови́те ваш а́дрес.

나자비쩨 바쉬 아드리스

남자가 부상당했어요.

Мужчи́на ра́нен.
무쒸나 라닌

남자가 의식을 잃었어요.

Мужчи́на потеря́л созна́ние.
무쒸나 빠찌랼 사즈나니예

남자가 무의식 상태이고 숨을 쉬지 않아요.

Мужчи́на без созна́ния и не ды́шит.
무쒸나 볘스 사즈나니야 이 니 드쉬트

남자가 심한 출혈이 있어요.

У мужчи́ны си́льное кровотече́ние.
우 무쒸느 실리나예 끄라바찌체니예

여자가 출산 진통을 시작했어요.

У же́нщины начали́сь родовы́е схва́тки.
우 젠쒸느 나칠리시 라다브예 스흐바트끼

468

구급차를 불렀어요?

Скорую вызывали?
스꼬루유 브즈발리?

오시기 전에 어떻게 하면 돼요?

Что нужно делать до вашего приезда?
쉬또 누즈나 젤라찌 다 바쉬바 쁘리예즈다?

부상자가 못 움직이게 하세요.

Не позволяйте пострадавшему двигаться.
니 빠즈발랴이쩨 빠스트라다프쉬무 드비가짜

구급차가 오기 전에 부상자를 다른 장소로 옮기지 마세요.

Не перемещайте пострадавшего до приезда машины скорой помощи.
니 뻬리미쌰이쩨 빠스트라다프쉬바 다 쁘리예즈다 마쉬느 스꼬라이 뽀마쒸

469

사고 현장에 구급차가 도착했어요.

На ме́сто ава́рии прие́хала ско́рая по́мощь.

나 메스따 아바리이 쁘리예할라 스꼬라야 뽀마쒸

부상자는 어디에 있습니까?

Где пострада́вший?

그제 빠스트라다프쉬?

길을 잃음

길을 잃었어요.

Я потеря́лся(потеря́лась).
야 빠찌랼샤(빠찌랼라시)

실례지만, 이 거리 이름이 뭐예요?

Извини́те, кака́я э́то у́лица?
이즈비니쩨, 까까야 에따 울리짜?

여기가 어디인지 말씀해 주시겠어요?

Скажи́те, где я нахожу́сь?
스까즈쩨, 그제 야 나하주시?

일행들로부터 뒤처졌어요.

Я отста́л(а) от гру́ппы.
야 아쯔딸(라) 아트 그루쁘

너 지금 어디 있는 거니?

Где ты сейча́с?
그제 뜨 시차스?

내가 지금 어디 있는지 모르겠어.

Я не зна́ю, где я сейча́с.
야 니 즈나유, 그제 야 시차스

주변에 뭐가 보이는지 말해 줘.

Скажи́, что ты ви́дишь вокру́г.
스까즈, 쉬또 뜨 비지쉬 바크루ㅋ

어떤 거리에 있는지 행인한테 물어봐.

Спроси́ у прохо́жих, на како́й у́лице ты нахо́дишься.
스프라시 우 쁘라호즈ㅎ, 나 까꼬이 울리쩨 뜨
나호지쉬샤

미아

아이를 잃어버렸어요.

Я потеря́л(а) ребёнка.
야 빠찌랼(라) 리뵨까

아이가 사라졌어요.

Ребёнок потеря́лся.
리뵤나ㅋ 빠찌랼샤

장 보는 사이에 아이가 사라졌어요.

**Ребёнок потеря́лся, пока́ я
де́лал(а) поку́пки.**
리뵤나ㅋ 빠찌랼샤, 빠까 야 젤랄(라) 빠꾸프끼

혹시 여기에서 아이를 못 보셨어요?

Вы не ви́дели здесь ребёнка?
브 니 비질리 즈졔시 리뵨까?

아이 인상착의를 알려 주세요.

Назови́те приме́ты ребёнка.
나자비쩨 쁘리메뜨 리뵨까

어디서 아이를 잃어버리셨어요?

Где вы потеря́ли ребёнка?
그졔 브 빠찌랼리 리뵨까?

미아를 찾기 위한 방송을 해 주세요.

Сде́лайте звуково́е объявле́ние о поте́ре ребёнка.

즈젤라이쩨 즈부까보예 아브이블례니예 아 빠쩨례 리본까

분실 사고

제 가방 못 봤어요?

Вы не ви́дели мою́ су́мку?

브 니 비질리 마유 숨꾸?

화장실에 다녀오는 동안 가방이 없어졌어요.

Пока́ я ходи́л(а) в туале́т, су́мка исче́зла.

빠까 야 하질(라) 프 뚜알례트, 숨까 이쎄즐라

가방을 테이블 위에 놔뒀는데, 돌아왔을 때 가방이 없어졌어요.

Я оста́вил(а) су́мку на столе́, а когда́ верну́лся(верну́лась), су́мка пропа́ла.

야 아스따빌(라) 숨꾸 나 스딸례, 아 까그다 비르눌샤
(비르눌라시), 숨까 쁘라빨라

가방을 테이블 위에 놔둔 게 확실해요?

Вы то́чно оставля́ли свою́ су́мку на столе́?

브 또츠나 아스따블랼리 스바유 숨꾸 나 스딸례?

죄송하지만, 탈의실에 가방을 두고 나왔습니다.

Извини́те, я оста́вил(а) свою́ су́мку в приме́рочной.

이즈비니쩨, 야 아스따빌(라) 스바유 숨꾸 프 쁘리몌라츠나이

여기에 휴대폰을 혹시 못 보셨나요?

Вы не ви́дели здесь моби́льного телефо́на?

브 니 비질리 즈졔시 마빌리나바 찔리포나?

신용 카드를 잃어버렸어요.

Я потеря́л(а) креди́тную ка́рту.

야 빠찌럌(라) 끄리지트누유 까르뚜

지갑을 잃어버렸어요.

Я потеря́л(а) кошелёк.
야 빠찌랼(라) 까쉴료ㅋ

지갑을 어디서 마지막으로 사용하셨나요?

Где вы по́льзовались кошелько́м в после́дний раз?
그제 브 뽈자발리시 까쉴꼼 프 빠슬례드니 라ㅅ?

제 휴대폰을 택시 좌석에 놔두고 내렸어요.

Я оста́вил(а) свой моби́льный телефо́н на сиде́нье в такси́.
야 아스따빌(라) 스보이 마빌리느이 찔리폰 나
시제니예 프 따크시

신분증을 잃어버렸어요. 어디에 문의해야 해요?

Я потеря́л(а) докуме́нты. Куда́ мне ну́жно обрати́ться?
야 빠찌랼(라) 다꾸몐뜨. 꾸다 므녜 누즈나
아브라찌짜?

분실 신고 & 분실물 센터

잃어버린 물건은 어디서 찾을 수 있나요?

Где мо́жно найти́ поте́рянные ве́щи?

그제 모즈나 나이찌 빠쩨리느예 볘쒸?

잃어버린 물건을 찾으려면 어디에 문의해야 해요?

Куда́ ну́жно обраща́ться, что́бы найти́ поте́рянные ве́щи?

꾸다 누즈나 아브라쌰짜, 쉬또브 나이찌 빠쩨리느예 볘쒸?

분실물 보관소는 어디에 있나요?

Где нахо́дится бюро́ нахо́док?

그제 나호지짜 뷰로 나호다ㅋ?

분실물 신고를 하고 싶어요.

Я хочу́ заяви́ть о пропа́же.

야 하추 자이비찌 아 쁘라빠제

언제 어디에서 분실하셨어요?

Где и когда́ произошла́ пропа́жа?

그졔 이 까그다 쁘라이자쉴라 쁘라빠자?

Где и когда́ вы потеря́ли свою́ вещь?

그졔 이 까그다 브 빠찔랼리 스바유 볘쒸?

물건을 습득해서 신고하고 싶은데요.

Я хочу́ заяви́ть о нахо́дке.

야 하추 자이비찌 아 나호트꼐

도난

도둑이야!

Вор!

보르!

잡아라! 도둑이야!

Держи́те! Вор!

지르즈쩨! 보르!

저 강도를 당했어요.

Меня́ огра́били.

미냐 아그라빌리

제 가방을 훔쳤어요.

У меня́ укра́ли су́мку.

우 미냐 우크랄리 숨꾸

제 물건들을 훔쳤어요.

Мои́ ве́щи укра́дены.

마이 볘쒸 우크라지느

누군가 제 여행 트렁크를 훔쳤어요.

Кто́-то укра́л мой чемода́н.

끄또따 우크랄 모이 치마단

도난 신고하고 싶은데요.

Я хочу́ заяви́ть о кра́же.

야 하추 자이비찌 아 끄라제

480

제 신용 카드를 도난당했어요. 정지시켜야 해요.

У меня́ укра́ли креди́тную ка́рту. Её на́до заблоки́ровать.

우 미냐 우크랄리 끄리지트누유 까르뚜. 이요 나다 자블라끼라바찌

소매치기

가방을 항상 몸 앞에 들고 있어라.

Всегда́ держи́ су́мку впереди́ себя́.

프시그다 지르즈 숨꾸 프뻬리지 시뱌

주변에 사람들이 많으면 자신의 가방을 잘 지키세요.

Следи́те за свое́й су́мкой, когда́ вокру́г мно́го люде́й.

슬리지쩨 자 스바예이 숨까이, 까그다 바크루ㅋ 므노가 류졔이

사람 많은 장소에서 소매치기를 조심하세요.

Береги́тесь карма́нников в многолю́дном ме́сте.
비리기찌시 까르마니까ㅍ 브 므나갈류드남 메스쩨

시내에 전문 소매치기가 활동해요.

В го́роде де́йствуют профессиона́льные карма́нники.
브 고라졔 졔이스트부유ㅌ 쁘라피시아날리느예 까르마니끼

소매치기가 제 휴대폰을 훔쳤어요.

Карма́нник вы́тащил у меня́ телефо́н.
까르마니ㅋ 브따쒈 우 미냐 찔리폰

기차역에서 소매치기가 체포됐어요.

На вокза́ле был заде́ржан карма́нник.
나 바그잘례 블 자졔르잔 까르마니ㅋ

사기

이 사기꾼이 많은 사람들을 속였어요.

Э́тот моше́нник обману́л мно́гих люде́й.

에따트 마셰니크 아브마눌 므노기ㅎ 류졔이

그가 사기꾼이라는 걸 저는 바로 알았어요.

Я сра́зу по́нял(поняла́), что он моше́нник.

야 스라주 뽀닐(빠닐라), 쉬또 온 마셰니크

저는 그를 사기죄로 신고하고 싶어요.

Я хочу́ пода́ть заявле́ние о моше́нничестве на него́.

야 하추 빠다찌 자이블례니예 아 마셰니치스트볘 나 니보

그는 사기죄로 기소되었어요.

Ему́ предъяви́ли обвине́ние в моше́нничестве.

이무 쁘리드이빌리 아브비녜니예 브 마셰니치스트볘

그게 순전히 사기였어요.

Это было настоя́щее моше́нничество.
에따 블라 나스따야쎼예 마셰니치스트바

어떤 사기꾼들이 연락해서 신용 카드 번호를 불러 달라고 했어요.

Звони́ли каки́е-то моше́нники и проси́ли назва́ть но́мер креди́тной ка́рты.
즈바닐리 까끼예따 마셰니끼 이 쁘라실리 나즈바찌 노미르 끄리지트나이 까르뜨

신고

경찰서에 신고하고 싶어요.

Я хочу́ заяви́ть в поли́цию.
야 하추 자이비찌 프 빨리쯔유

Я хочу́ пода́ть заявле́ние в поли́цию.
야 하추 빠다찌 자이블레니예 프 빨리쯔유

484

범죄 신고하고 싶은데요.

Я хочу́ заяви́ть о преступле́нии.
야 하추 자이비찌 아 쁘리스뚜플레니이

여기 가장 가까운 경찰서가 어디에 있나요?

Где здесь ближа́йший полице́йский уча́сток?
그제 즈제시 블리자이쉬 빨리쩨이스끼 우차스따ㅋ?

사람이 위협받고 있어요. 경찰을 불러 주세요!

Челове́ку угрожа́ют. Вы́зовите поли́цию!
칠라볘꾸 우그라자유ㅌ. 브자비쪠 빨리쯔유!

한국 대사관에 연락하고 싶어요.

Я хочу́ связа́ться с посо́льством Респу́блики Коре́я.
야 하추 스비자짜 스 빠솔스트밤 리스뿌블리끼 까례야

교통사고

길에서 차 두 대가 충돌했어요.

На доро́ге столкну́лись две маши́ны.
나 다로계 스딸크눌리시 드베 마쉬느

사고가 났어요. 경찰을 불러 주세요!

Произошла́ ава́рия. Вы́зовите поли́цию!
쁘라이자쉴라 아바리야. 브자비쩨 빨리쯔유!

사고를 당했어요.

Я попа́л(а) в ава́рию.
야 빠빨(라) 브 아바리유

제 차를 뒤쪽에서 받았어요.

На мою́ маши́ну нае́хали сза́ди.
나 마유 마쉬누 나예할리 자지

제 차를 옆에서 받았어요.

На мою́ маши́ну нае́хали сбо́ку.
나 마유 마쉬누 나예할리 즈보꾸

사고 현장에서 차가 뺑소니쳤어요.

Маши́на скры́лась с ме́ста ава́рии.
마쉬나 스크를라시 스 메스따 아바리이

차가 전봇대를 들이받았어요.

Маши́на вруби́лась в столб.
마쉬나 브루빌라시 프 스똘ㅍ

부상자들을 병원에 후송했어요.

Пострада́вших госпитализи́ровали.
빠스트라다프쉬ㅎ 가스삐딸리지라발리

운전자가 가벼운 부상을 입었어요.

Води́тель получи́л лёгкие теле́сные поврежде́ния.
바지쩰 빨루칠 료흐끼예 쩰레스느예 빠브리즈제니야

빨간불에 정차하지 않으셨어요.

Вы не останови́лись на кра́сный свет.

브 니 아스따나빌리시 나 끄라스느이 스베ㅌ

미끄러운 길에서 안전 운전하지 못해 미끄러졌어요.

Я не спра́вился(спра́вилась) с управле́нием на ско́льзской доро́ге.

야 니 스프라빌샤(스프라빌라시) 스 우프라블례니옘 나 스꼴스까이 다로계

운전 중 바퀴에 펑크가 났어요.

Во вре́мя движе́ния прокололо́сь колесо́.

바 브례먀 드비제니야 쁘라깔롤라시 깔리소

음주 상태로 운전대를 잡지 마세요.

Не сади́тесь за руль в нетре́звом ви́де.

니 사지찌시 자 룰 브 니트례즈밤 비졔

안전사고

사람이 물에 빠졌어요!

Челове́к упа́л в во́ду!
칠라볘ㅋ 우빨 브 보두!

사람이 감전됐어요!

Челове́ка уда́рило то́ком!
칠라볘까 우다릴라 또깜!

저는 빙판길에 넘어져서 다리가 부러졌어요.

Я упа́л(а) на льду и слома́л(а) но́гу.
야 우빨(라) 나 리두 이 슬라말(라) 노구

길이 빙판이다. 넘어지지 않도록 해.

На у́лице гололёд. Смотри́ не упади́.
나 울리쩨 갈랄료ㅌ. 스마트리 니 우빠지

고드름 밑으로 다니지 마세요. 고드름이 떨어질 수
있어요.

Не ходи́те под сосу́льками.
Они́ мо́гут упа́сть.

니 하지쩨 빠ㅌ 사술까미. 아니 모구ㅌ 우빠스찌

지붕 아래로 다니지 마. 지붕에서 눈이 내려
떨어질 수 있어.

Не ходи́ под кры́шей.
С кры́ши мо́жет сползти́ снег.

니 하지 빠ㅌ 끄르셰이. 스 끄르쉬 모즈ㅌ 스빨즈찌
스녜ㅋ

화재

불이야!

Пожа́р!

빠자ㄹ!

화재경보기를 켜 주세요!

Включи́те пожа́рную сигнализа́цию!

프클루치쩨 빠자르누유 시그날리자쯔유!

주의하세요! 화재 경보입니다!

Внима́ние! Пожа́рная трево́га!

브니마니예! 빠자르나야 뜨리보가!

소화기를 가져와!

Принеси́ огнетуши́тель!

쁘리니시 아그니뚜쉬쩰!

소방차를 불러 주세요.

Вы́зовите пожа́рную слу́жбу.

브자비쩨 빠자르누유 슬루즈부

모든 사람들을 건물에서 대피시켜야 해요.

Ну́жно всех эвакуи́ровать из зда́ния.

누즈나 프세ㅎ 에바꾸이라바찌 이즈 즈다니야

물수건이나 걸레로 입과 코를 가리세요.

Прикро́йте рот и нос мо́крым полоте́нцем или тря́пкой.

쁘리크로이쩨 로ㅌ 이 노ㅅ 모크름 빨라쩬쩸 일리
뜨랴프까이

자연재해

밤에 지진이 일어났어요.

Но́чью произошло́ землетрясе́ние.

노치유 쁘라이자쉴로 지믈리트리세니예

진도 3의 지진이 발생했다.

Произошло́ землетрясе́ние си́лой в три ба́лла.

쁘라이자쉴로 지믈리트리세니예 실라이 프 뜨리
발라

지진 진동이 끝나면 건물에서 나와야 해요.

Ну́жно выходи́ть из зда́ния, когда́ зако́нчатся толчки́ землетрясе́ния.

누즈나 브하지찌 이즈 즈다니야. 까그다 자꼰차짜 딸츠끼 지믈리트리세니야

우리 동네에 어제 홍수가 났어요.

Вчера́ наш райо́н затопи́ло.

프치라 나쉬 라욘 자따삘라

거센 태풍으로 건물 위에 간판들이 날아갔고 나무는 뿌리째 뽑혔어요.

Си́льным урага́ном сорва́ло вы́вески со зда́ний и вы́рвало дере́вья.

실리늠 우라가남 사르발라 브비스끼 사 즈다니 이 브르발라 지례비야

거센 바람이 지붕을 날렸어요.

Сильный ве́тер сорва́л кры́шу до́ма.

실리느이 볘찌르 사르발 끄르슈 도마

거센 바람이 전선을 끊었고, 우리는 전기가 끊겼어요.

Сильный ве́тер оборва́л провода́, и у нас не́ было электри́чества.

실리느이 볘찌르 아바르발 쁘라바다. 이 우 나스 녜
블라 엘리크트리치스트바

사람들이 지붕 위에서 구조 대원들을 기다리고 있었어요.

Лю́ди на кры́ше до́ма жда́ли спаса́телей.

류지 나 끄르셰 도마 즈달리 스빠사찔례이

강추위로 학교 수업이 중단되었어요.

Из-за си́льных моро́зов прекращены́ заня́тия в шко́лах.
이자 실리느ㅎ 마로자ㅍ 쁘리크라쒸느 자냐찌야 프 쉬꼴라ㅎ

짙은 안개로 항공편이 지연되었어요.

Из-за густо́го тума́на бы́ли отло́жены полёты самолётов.
이자 구스또바 뚜마나 블리 아틀로즈느 빨료뜨 사말료따ㅍ

러시아어 TORFL A1~B2 필수 어휘 3300
생활 밀착형 주제 및 회화, 최신 러시아 정보 수록
바로 찾아 바로 말할 수 있는 한글 발음 표기

강라나 지음 / p.384 / 19,000원

강라나 지음 / p.448 / 16,000원

재미있고 실감 나는
러시아어 3,500여 개 회화!

현지에서 직접 보고, 듣고, 느끼고,
체험한 러시아어 회화!

쉽고 재미있게 시작하는
러시아어 필수단어 3300!

러시아 사람이 가장 많이 사용하는
생생한 생활 밀착형 단어!